作りおきの

ゆる糖質オフ弁当

藤本なおよ

マイナビ

1週間にひとつの作りおきで 5日分の糖質オフ弁当生活。 節約&やせるお弁当1ヵ月!!

　皆さん、こんにちは！　ローカーボ料理研究家の藤本なおよです。私は料理研究家になって7年目になりますが、それまでは会社員として働いていました（経理事務という全く違う畑です）。その時にとても大変だったのは、毎日のお弁当作り。夕飯の献立も考えないといけないのに、栄養バランスのととのった毎日のお弁当作りもあるなんて「面倒くさい！」と常々思っていたのです。そんな面倒くさがりな私が編み出した手法が「週末にまとめて買い出しをし、作りおきを5日分作って、アレンジして朝詰めるだけにする」ことでした。これが何とも快適で、朝バタバタすることなく準備をすることができますし、少し多めに作って夕飯のおかずにすることもできます（その時間で本を読むもよし、好きなことをする時間にあてるもよしです）。週末に1回まとめて作りおきをしておけば、食材を無駄にしないので、結果的にお金と時間の節約にもなります。「糖質オフ」って難しい、おいしいものが食べられないというような、ネガティブなイメージが持たれがちですが、全くそんなことはありません。おいしく食べられて簡単で、なおかつ美容や健康に気を使いたい方にこそ、今回のレシピ本はお役に立てるはずです！　糖質オフはダイエットのイメージが強いですが、たんぱく質もしっかりとれるため、美肌作りやアンチエイジング、健康増進を助けることができます。人生100年時代、このレシピ本が皆さんの人生を豊かにするサポート役になれますように！

藤本なおよ

もくじ

PART① がっつり！ ひき肉おかずWEEK

副菜の作りおき

Column

PART② ヘルシー気分！ 鶏肉おかずWEEK

副菜の作りおき

Column

PART③ 心もよろこぶ！ 焼き鮭おかずWEEK

PART④ 安くて低糖質！ 豚こまおかずWEEK

ゆる糖質オフで
こんなイイコト

低炭水化物、高たんぱくの「ゆる糖質オフ」。野菜もたっぷり取り入れて、毎日の糖質オフ弁当で美と健康を手に入れましょう。

糖質を極力減らして肉や魚のたんぱく質、脂質を増やしてきれいにやせる!

本書で紹介しているゆる糖質オフのお弁当は、ごはんやパン、めんなどの炭水化物を減らし、その代わりに肉や魚、卵などの動物性たんぱく質、脂質を増やす食事法（ローカーボ）に基づいています。低糖質の野菜のおかずもたっぷりと詰めるから、栄養バランスも満点なうえ、ダイエットや美容、病気予防にも効果的。ゆる糖質オフ弁当生活を続けることは、きれいにやせて、健康へと導いてくれるだけでなく、食費の節約にも役立ちます。

糖質をとりすぎることが太る原因

太る原因は、糖質をとりすぎていることにあると考えます。ごはんやパン、めんなどの炭水化物をたっぷり食べたり、砂糖のとりすぎなどで、たくさんの糖質が体内に入ると、血中にブドウ糖が増え、血糖値が急激に上がります。すい臓から分泌されるインスリンの影響により、余ったブドウ糖が体脂肪として蓄えられ、太るのです。

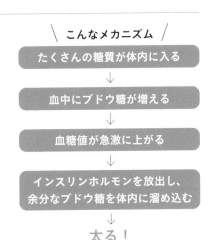

\ こんなメカニズム /

たくさんの糖質が体内に入る
↓
血中にブドウ糖が増える
↓
血糖値が急激に上がる
↓
インスリンホルモンを放出し、余分なブドウ糖を体内に溜め込む

太る！

糖質を制限すると、血糖値が上がらず、ブドウ糖が不足してやせやすい体質に

糖質を減らして、たんぱく質と脂質を増やす食事法は、血糖値がゆるやかに上がるので、インスリンの分泌が減り、ブドウ糖が不足します。不足したブドウ糖を補うために、体内の脂肪を分解してエネルギー源にして消費させるため、やせやすくなるのです。また、ビタミンや食物繊維が豊富な野菜のおかずで美肌や健康にも役立ちます。

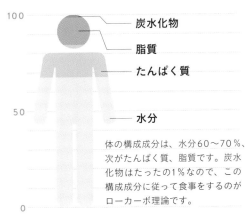

100 ──── 炭水化物
脂質
たんぱく質

50 ──── 水分

0

体の構成成分は、水分60〜70％、次がたんぱく質、脂質です。炭水化物はたったの1％なので、この構成成分に従って食事をするのがローカーボ理論です。

ゆる糖質オフの
おすすめ食材と調味料のこと

ゆる糖質オフ生活を送るために、おさえておきたいのが食材と調味料。
食べてもいいもの、控えた方がいいものを理解しましょう。

肉や魚、卵などの
高たんぱく質＆
高脂質は OK ！

低糖質で高たんぱくのものを選ぶのが基本。
肉類は、糖質がほぼ含まれず、高たんぱく
で、ビタミンなど栄養も豊富。魚介類は、
低糖質、高たんぱくなうえ、良質な脂質を
多く含みます。卵は、ビタミンCと食物繊
維以外の栄養素を全て含む優秀食材。野菜
を食べるなら、葉物野菜は低糖質なので
たっぷり食べても安心です。

ごはん、パン、めん、白砂糖
などの高糖質は NG ！

ゆる糖質オフ生活をはじめるときに、まず、
避けておきたいのは、ごはん、パン、めん
などの炭水化物と砂糖を使った甘いお菓子
やジュース。これらの加工品には、調理す
る際に小麦粉が使われていることが多いの
で、ゆる糖質オフをするなら避けるのが無
難。市販のカレールウやシチューのルウも
小麦粉が多いので気をつけて。

＼ これらの食材は食べてOK！ ／

肉類

栄養豊富な鶏肉、豚肉、牛肉、ラ
ム肉など、様々な種類を食べて。

魚介類・魚缶

切り身魚や魚缶は、調
理が手軽。たんぱく質
のほか、脂質補給に。

卵

鶏卵とうずらの卵は、
手軽に使えて栄養満点
な最強の節約食材。

葉物野菜

青菜などの葉物野菜は、
低糖質でビタミン豊富
なので、積極的に。

調味料は かしこく選べば いろいろ使える！

普段から使っている調味料にも糖質の多いものがあります。焼き肉のタレやトマトケチャップ、ドレッシングには糖質が多く含まれているので要注意。基本は塩、こしょう、しょうゆなどのシンプルな調味料が安心。めんつゆやポン酢しょうゆ、オイスターソースは比較的糖質は多いものの、量を考えれば、使ってもOKです。

料理酒

料理酒はやや糖質が高めですが、大量に使わなければOK。

しょうゆ

しょうゆは糖質は少ないので使用OK。だししょうゆは要注意。

ラカントS（顆粒）

砂糖の代わりに同じ甘みをつける甘味料で血糖値を上げない。

ラカントS（液体）

みりんの代わりに使える、血糖値を上げない液体タイプの甘味料。

オリーブオイル

オレイン酸豊富なオリーブオイル。ピュアとEXVで使い分けを。

ごま油

カロリーは高いものの、糖質量はゼロなので糖質オフ向き。

マヨネーズ

高カロリー、高脂質で避けられがちですが、低糖質なので安心。

めんつゆ

濃縮タイプは糖質が高めなので、使用量を考えて上手に活用を。

ポン酢しょうゆ

糖質はやや高めですが、使用量を加減すればOKです。

コンソメ＆鶏がらスープの素

市販の洋風、中華風スープの素は、少量なら使用OK。

トマトピューレ

トマトケチャップの代わりにトマトピューレを使うと糖質オフ。

オイスターソース

糖質は高めですが、味が濃いので少量で旨みづけになるので◎。

糖質オフ弁当でも
満足できる工夫とアイデア

ゆる糖質オフ弁当は、なんとなく物足りないのでは？　毎日作るのは
面倒？　と思っていませんか？　でも、コツさえ覚えれば簡単です。

メインのおかずは、1種類の作りおきから 5日分のおかずをアレンジで時短＆節約！

ゆる糖質オフ弁当を作るときに面倒なのが、毎日のおかずを考えること。食材の種類が多いと食材費もかかってしまう…という悩みもつきません。でも、本書のレシピなら大丈夫！　本書では、メインのおかずは1種類を作りおき するだけ。その作りおきをアレンジするだけで、飽きずに5日分のメインのおかずを作れます。ジャンボパックなどを利用して、毎週、食材を変えて作っていけば、バリエーション豊かなお弁当作りが可能になります。

**お弁当の割合は
このぐらいがベスト！**

野菜はたっぷり！
野菜を使った副菜やミニトマトを詰めるから、栄養バランス満点。

雑穀ごはん100g
ごはんは100gが基本。雑穀やもち麦を使ったものがベスト。

たんぱく質のおかず100g
肉、魚、卵のおかずは100g。しっかりとたんぱく質を補給。

副菜は作りおきしておくと詰めるだけだからラク！

副菜のおかずは、4種類の作りおきだけ。4種類は大変！と思うかもしれませんが、どれも少ない食材で作れるレシピなので、あっという間に仕込めます。あとは、それぞれのお弁当に合わせて、朝詰めるだけでOK。冷蔵保存もできますが、煮卵以外の野菜のおかずは、シリコンカップに1食分ずつ小分けにして、冷凍保存しておくと便利。余った分は、夕食や朝食のおかずに回したり、次の週のお弁当に活用するのもいいでしょう。

糖質オフの作りおきをアレンジして 1WEEKかんたん弁当1カ月！

WEEK 1 がっつり！ ひき肉おかずWEEK

MONDAY	TUESDAY	WEDNESDAY	THURSDAY	FRIDAY
ひき肉 そぼろ弁当	ひき肉そぼろの 卵焼き弁当	ピーマンの チーズ肉詰め弁当	ガパオ弁当	ひき肉と小松菜の 卵炒め弁当
→P20	→P22	→P24	→P26	→P28

WEEK 2 ヘルシー気分！鶏肉おかずWEEK

MONDAY	TUESDAY	WEDNESDAY	THURSDAY	FRIDAY
鶏の粒マスタード 焼き弁当	鶏の 照り焼き弁当	鶏肉のごまゆず こしょう焼き弁当	鶏肉と ブロッコリーの 甘酢炒め弁当	鶏肉のスパイス 唐揚げ弁当
→P48	→P50	→P52	→P54	→P56

慣れてきたら、こんな使い方①

**基本の糖質オフの作りおきを使った
アレンジおかずも組み合わせて変化をつけて**

4週間分の糖質オフ弁当プランを行って慣れてきたら、少しアレンジしてみましょう。それぞれの章のお弁当レシピの後に、基本の糖質オフのおかずのアレンジレシピを紹介しているので、そちらもぜひ作ってみてください。糖質オフ弁当プラン5日間中の数日をアレンジおかずにするだけで、目先が変わって飽きずに続けられます。また、お弁当の盛りつけにもこだわると、見た目にも満足感がアップしてお弁当作りが楽しくなります。

本書では、週ごとに糖質オフの作りおきおかずを手軽に作って朝詰めるだけのプランを、4週間分ご紹介！　この本さえあれば、1カ月分の糖質オフ弁当生活もラクラクです。

WEEK 3　心もよろこぶ！焼き鮭おかずWEEK

MONDAY	TUESDAY	WEDNESDAY	THURSDAY	FRIDAY
焼き鮭タルタルマヨ弁当	ほぐし鮭とキャベツのスパイス和え弁当	鮭のムニエル弁当	鮭ごはん弁当	鮭の西京焼き風弁当
→P76	→P78	→P80	→P82	→P84

WEEK 4　安くて低糖質！豚こまおかずWEEK

MONDAY	TUESDAY	WEDNESDAY	THURSDAY	FRIDAY
しょうが焼き弁当	豚こまのカレー炒め弁当	豚こま野菜炒め弁当	豚こまとピーマンのケチャップ炒め弁当	炒めルーローハン弁当
→P104	→P106	→P108	→P110	→P112

慣れてきたら、こんな使い方②

2種類の基本の糖質オフの作りおきを半量ずつ＆お好みの副菜でオリジナル弁当に

本書では、メインおかずを1種類作りおきして、それを5日間アレンジして使い回しますが、慣れてきたら、メインおかずを半量ずつ2種類作って、同じ日に入れるのも◎。例えば、ひき肉そぼろと焼き鮭を半量ずつ作れば、1週間の中でバリエーションが広がります。副菜の作りおきも、お好みのものを組み合わせて作ってもOK。その場合、彩りや味のバランスなどを考えて作ると、満足感の高いお弁当になります。

本書の使い方

○材料は1人分を基本にしていますがレシピによっては5日分、作りやすい分量などもあります。
○栄養価は1食分です。5日分の場合は1日分、作りやすい分量の場合は1/3量として計算しています。
○計量単位は大さじ1=15ml、小さじ1=5mlとしています。
○電子レンジは600Wを基本としています。500Wの場合は加熱時間を1.2倍にしてください。
○「少々」は小さじ1/6未満を、「適量」はちょうどよい量を、「適宜」は好みで必要があれば入れることを示します。
○保存期間は目安です。冷蔵・冷凍庫内の冷気の循環状態、開け閉めする頻度などにより、おいしく食べられる期間に差が出る可能性があります。とくに夏場の冷蔵保存は3日ほどを目安にしてください。
○保存の際には、食品の粗熱をしっかりととり、清潔な箸や容器を使ってください。
○本書で使用している「ラカントS」は血糖値に影響しないため、糖質量は「0」として計算しています。

1週間の食材の使い方

5日間にわたった作りおきのアレンジと食材の使い方がわかる図解つき。

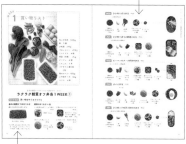

週ごとの買い物リスト

＊写真はイメージです。

週ごとの買い物のコツ、作りおき＆食材の使い方テクニックがわかる！

週末にまとめて買い出しをしたらどのように使うのかがわかるように、買い物リストと図解で解説。作りおきの使い回し方、食材の使い方を理解しましょう。

糖質オフPoint

ゆる糖質オフになる食材や調理のポイントを紹介しています。

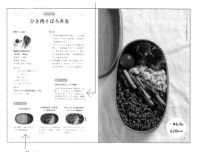

盛りつけPoint

華やかな盛りつけになるように順を追って解説します。

5日間のお弁当例をわかりやすい作り方＆盛りつけ例を紹介！

メインの作りおきを5日間使い回すためのお弁当例＆作りおきおかずのアレンジレシピを紹介。盛りつけの工程も紹介しているので、見栄えするお弁当に挑戦できます。

副菜の作りおきとアレンジおかずで、飽きずに続けられる！

それぞれのお弁当例の後には、糖質オフの作りおきのアレンジレシピ。目先を変えたいときにおすすめです。副菜の作りおきレシピは簡単なので、ラクに野菜を摂取できます。

PART ①

がっつり！
ひき肉おかず
WEEK

早速、糖質オフ弁当生活をスタート！　まず
は、お手頃食材のひき肉500gを買って、たっ
ぷりのひき肉そぼろを作りましょう。副菜は、
小松菜や紫キャベツ、にんじん、ブロッコ
リーなどの緑黄色野菜を使って彩りよく。

合いびき肉…500g

卵…5個

小松菜…210g

ブロッコリー…200g

ミニトマト…4個

枝豆（冷凍）…20g

ピーマン…4個

にんじん…1本

ツナオイル漬け缶
　…2缶

紫キャベツ…100g

ピザ用チーズ…30g

バジル…4枚

基本の糖質オフの作りおき＋副菜の作りおきで

ラクラク糖質オフ弁当1 WEEK①

SAT & SUN 買い物＆作りおきをする

基本の糖質オフの作りおき

基本のひき肉そぼろ→P18

合いびき肉…500g

＊もち麦ごはんはまとめて炊いておき、100gずつ小分けにしてラップで包み、冷凍しておいてもOK。

副菜の作りおき4品

①小松菜のゆずこしょう和え
　　　　　　　→P34

小松菜…100g

②紫キャベツとツナのサラダ
　　　　　　　→P35

紫キャベツ…100g
ツナオイル漬け缶…1缶
枝豆（冷凍）…20g

③にんじんのしりしり
　　　　　　　→P36

にんじん…1本
ツナオイル漬け缶
…1缶

④ブロッコリーのおかか和え
　　　　　　　→P37

ブロッコリー
…200g

MON ひき肉そぼろ弁当 →P20

┌── ひき肉そぼろ ──┐

   +

基本の
ひき肉そぼろ
100g

卵
1 個

小松菜
80g

ブロッコリーの
おかか和え
1/3量

ミニトマト
1 個

TUE ひき肉そぼろの卵焼き弁当 →P22

┌── ひき肉そぼろの卵焼き ──┐

   + +

基本の
ひき肉そぼろ
50g

卵
2 個

ピーマン
1 個

紫キャベツと
ツナのサラダ
1/3量

にんじんの
しりしり
1/3量

WED ピーマンのチーズ肉詰め弁当 →P24

┌── ピーマンのチーズ肉詰め ──┐

   + + +

基本の
ひき肉そぼろ
50g

ピーマン
2 個

ピザ用
チーズ
30g

小松菜のゆず
こしょう和え
1/3量

紫キャベツと
ツナのサラダ
1/3量

ミニトマト
2 個

THU ガパオ弁当 →P26

┌── ガパオ ──┐

   + +

基本の
ひき肉そぼろ
100g

ピーマン
1 個

卵
1 個

バジル
（あれば）
4 枚

にんじんの
しりしり1/3量

ブロッコリーの
おかか和え
1/3量

FRI ひき肉と小松菜の卵炒め弁当 →P28

┌── ひき肉と小松菜の卵炒め ──┐

   + + + ミニトマト

基本の
ひき肉そぼろ
100g

卵
1 個

小松菜
30g

にんじんの
しりしり
1/3量

ブロッコリーの
おかか和え
1/3量

ミニトマト
1 個

基本の
糖質オフの作りおき

1/5量
糖質 **9.5**g

292kcal

基本のひき肉そぼろ

保存期間
冷蔵 **5日** ／ 冷凍 **4週間**

> 旨みのある合いびき肉とラカントSを
> 使って、甘辛い味も妥協なしの糖質オフ
> そぼろに！　鮮度が落ちるのが早いので、
> 買ってきたらすぐに調理がベスト。

材料（5日分）

合いびき肉…500g

A｜しょうゆ…大さじ4
　｜ラカントS（顆粒タイプ）・
　｜　酒…各大さじ3

ごま油…大さじ2

作り方

1　フライパンにごま油を中火で熱し、
　　合いびき肉を色が変わるまで炒める。

2　1にAを加えて炒め合わせる。

保存するときは

粗熱をしっかりととり、保存
容器に入れたら蓋をし、冷
蔵庫で保存。または50g〜
100gの小分けにして、ラッ
プに包んで冷凍用保存袋で密
閉して冷凍保存。

糖質オフPoint

**なるべく赤身を選ぶと
さらにヘルシー！**

牛肉と豚肉の切れ端を使用し
ていることが多い合いびき肉
は、さまざまな部位が混ざるの
で、赤身の多いものや脂の多い
ものがあります。よりヘルシー
にしたい場合は、赤身の多いも
のを選ぶと◎。お手頃価格なの
で、ゆる糖質オフを続けていく
ためにも積極的に取り入れたい
食材です。

ひき肉そぼろ弁当

材料（1人分）

基本のひき肉そぼろ
（P18）…100g
溶き卵… 1個分
小松菜…80g
もち麦ごはん…100g

●調味料
A ｜ ラカントS（顆粒タイプ）
　　 …小さじ1
　｜ 塩…少々
ごま油…小さじ2
しょうゆ…小さじ1/2

●副菜
ブロッコリーのおかか和え→P37
ミニトマト… 1個

作り方

1 小松菜は根元を切り落とし、5cm幅に切る。ボウルに溶き卵、Aを加えて混ぜ合わせる。

2 フライパンにごま油小さじ1を弱火で熱し、1の卵液を入れていり卵を作り、取り出す。同じフライパンに残りのごま油を中火で熱し、小松菜を炒め、しょうゆを加える。

3 お弁当箱にもち麦ごはんを詰め、ひき肉そぼろ、2をのせ、ブロッコリーのおかか和え、ミニトマトを詰める。

糖質オフPoint

小松菜で鉄分をしっかり補給

小松菜に含まれる鉄分は、動物性たんぱく質といっしょに食べることで吸収率がアップします。また、ビタミンCも含むので、より吸収をサポートしてくれます。糖質も少ない野菜なので、安心して食べられます。

盛りつけPoint

ごはんを詰める

お弁当箱の2/3ほどの広さにごはんを敷き詰める。

ひき肉そぼろ、小松菜、いり卵をのせる

ごはんの上1/2にひき肉そぼろ、残りに小松菜といり卵をのせる。

ブロッコリーのおかか和え、ミニトマトを詰める

残りのスペースにブロッコリーのおかか和えとミニトマトを詰める。

完成

糖質 **46.0**g

620kcal

ひき肉そぼろの卵焼き弁当

材料（1人分）

基本のひき肉そぼろ
（P18）…50g
溶き卵… 2 個分
ピーマン… 1 個
もち麦ごはん…100g

●調味料

A｜ ごま油…小さじ 1
　｜ 鶏がらスープの素（顆粒）
　｜ …小さじ1/2
白いりごま…小さじ1/2
カレー粉…小さじ1/2
ごま油…小さじ 1

●副菜
紫キャベツとツナのサラダ→P35
にんじんのしりしり→P36

作り方

1 ピーマンは縦半分に切り、種とワタを取り除き、細切りにする。耐熱容器に入れ、A を加えてラップをかけ、電子レンジで 1 分加熱し、白いりごまをふる。

2 ボウルにひき肉そぼろ、溶き卵、カレー粉を加えてよく混ぜる。

3 フライパンにごま油を中火で熱し、2 を 3 回に分けて流し入れ、形をととのえながら焼き、食べやすい大きさに切る。

4 お弁当箱にもち麦ごはんを詰め、1、3 をのせ、紫キャベツとツナのサラダ、にんじんのしりしりを詰める。

糖質オフPoint

完全栄養食の卵でたんぱく質をプラス！

ビタミンCと食物繊維以外の栄養素を全て含むため、完全栄養食と呼ばれる卵。糖質はほぼゼロなのもうれしいポイント。ひき肉そぼろを加えて食べ応えをアップし、満足感をしっかり得られるおかずに。

盛りつけPoint

ごはんを詰める	ひき肉そぼろの卵焼き、ピーマンのごま炒めをのせる	紫キャベツとツナのサラダ、にんじんのしりしりを詰める

 →  →  完成

左端2/3にもち麦ごはんを敷くように詰める。

ごはんの上に卵焼きを斜めにのせ、ごはんを隠すようにピーマンのごま炒めをのせる。

おかずカップに副菜をそれぞれ縦に並べて入れる。

糖質 **40.2**g

669kcal

ピーマンのチーズ肉詰め弁当

材料（1人分）

**基本のひき肉そぼろ
（P18）…50g**
ピーマン… 2 個
ピザ用チーズ…30g
もち麦ごはん…100g

●調味料
オリーブオイル…小さじ 2

●副菜
小松菜のゆずこしょう和え→P34
紫キャベツとツナのサラダ→P35
ミニトマト…2個

作り方

1　ピーマンは縦半分に切り、種とワタを取り除いたら、ひき肉そぼろを詰め、ピザ用チーズをのせる。

2　フライパンにオリーブオイルを中火で熱し、1 を並べ入れて蓋をし、ピザ用チーズが溶けるまで蒸し焼きにする。

3　お弁当箱にもち麦ごはん、2、小松菜のゆずこしょう和え、紫キャベツとツナのサラダ、ミニトマトを詰める。

糖質オフPoint

**ピーマンがたっぷり入って
食べ応えバッチリ**

ピーマンは低糖質なうえ、加熱にも強いビタミンCが豊富に含まれているので、美肌効果にも期待ができます。また、β-カロテンの含有量も多く、免疫力を高める栄養素もたっぷり入っていて、食べ応えも栄養もバッチリ！

盛りつけPoint

ごはんを詰める	ピーマンのチーズ肉詰めを詰める	小松菜のゆずこしょう和え、紫キャベツとツナのサラダ、ミニトマトを詰める

 →  →  ＼完成／

お弁当箱にごはんを斜めに詰める。

斜めに詰めたごはんに沿うように、ピーマンのチーズ肉詰めを寝かせて詰める。

紫キャベツとツナのサラダはおかずカップに入れ、右下に詰める。

糖質 **40.0**g

541kcal

ガパオ弁当

材料（1人分）

基本のひき肉そぼろ
（P18）…100g
ピーマン…1個
バジル…4枚
卵…1個
もち麦ごはん…100g

●調味料
オリーブオイル…小さじ2
A｜ナンプラー・オイスターソース
　｜…各小さじ1
塩・こしょう…各少々

●副菜
にんじんのしりしり→P36
ブロッコリーのおかか和え→P37

作り方

1　ピーマン、バジルはみじん切りにする。

2　フライパンにオリーブオイル小さじ1を中火で熱し、ピーマンを炒める。ひき肉そぼろ、バジル、Aを加えて炒め合わせる。

3　2のフライパンをさっと洗い、残りのオリーブオイルを弱めの中火で熱し、卵を割り入れる。塩、こしょうをふり、蓋をして目玉焼きを作る。

4　お弁当箱にもち麦ごはんを詰め、2をのせ、にんじんのしりしり、ブロッコリーのおかか和えを詰め、3をのせる。

糖質オフPoint

バジルやナンプラーの香りで
満足感アップ

バジルなどのハーブや、ナンプラーといった調味料で香りづけをすることで、食べ終えたときの満足感がアップします。そぼろと目玉焼きでたんぱく質もしっかりとれるお弁当です。

盛りつけPoint

ごはんを詰める	ガパオをのせ、にんじんのしりしり、ブロッコリーのおかか和えを詰める	目玉焼きをのせる
		完成
お弁当箱の右端1/3をあけてごはんを詰める。	ごはんの上にガパオをのせ、右端に副菜を詰める。	ガパオと副菜の上にしっかりめに火を通した目玉焼きをのせる。

糖質 **45.0**g

710kcal

ひき肉と小松菜の卵炒め弁当

材料（1人分）

基本のひき肉そぼろ
（P18）…100g
溶き卵… 1 個分
小松菜…30g
もち麦ごはん…100g

●調味料
ごま油…小さじ 1
塩・こしょう…各少々

●副菜
にんじんのしりしり→P36
ブロッコリーのおかか和え→P37
ミニトマト… 1 個

作り方

1　小松菜は根元を切り落とし、5cm幅に切る。

2　フライパンにごま油を中火で熱し、 1 、溶き卵を炒める。小松菜がしんなりしてきたらひき肉そぼろを加え、塩、こしょうで味をととのえる。

3　お弁当箱にもち麦ごはん、 2 、にんじんのしりしり、ブロッコリーのおかか和え、ミニトマトを詰める。

糖質オフPoint

ゆる糖質オフは適度の油はOK！

糖質オフの食事では、油は適度に取り入れてOK。ごま油は食欲をそそる香ばしさをつけてくれます。オリーブオイルやマヨネーズなども上手に取り入れて、味わいの変化や深みをプラスして、お弁当作りを楽しみましょう。

盛りつけPoint

ごはんを詰める	ひき肉と小松菜の卵炒めを詰める	にんじんのしりしり、ブロッコリーのおかか和え、ミニトマトを詰める

 →  →  ／完成

お弁当箱の左端に寄せるようにして、ごはんを詰める。

お弁当箱の中央に、ひき肉と小松菜の卵炒めを詰める。

青じそやレタスなどを仕切りにして副菜を詰め、ミニトマトをのせて彩りをアップする。

糖質 **44.0**g

666kcal

糖質 **14.7**g

344kcal

トマトのコクと酸味がそぼろにマッチ！

チリコンカン

材料（1 人分）

基本のひき肉そぼろ（P18）…100g
大豆（水煮）…20g
トマトピューレ…大さじ 3
チリパウダー・塩・こしょう…各少々

作り方

1　耐熱容器に全ての材料を入れてよく
　　混ぜる。

2　ラップをかけ、電子レンジで2分
　　30秒加熱する。

糖質オフPoint

**植物性のたんぱく質を
バランスよく取り入れて！**

大豆や豆類からとれる植物性たんぱく質は、
肉や魚などの動物性たんぱく質と比べてエネ
ルギー量を抑えられるのが特徴です。しっか
りとした量を食べることができるので、とく
にダイエット中には満足感をサポートしてく
れる食材です。

5日間、基本のひき肉そぼろはしんどい！なんてときは、夕飯のアレンジに回して、お弁当のレパートリーを変えるのもおすすめです。

糖質 **13.0**g

435kcal

ひき肉の旨みが高野豆腐からじんわり広がる

高野豆腐のそぼろ炒め

材料（1人分）

基本のひき肉そぼろ（P18）…100g
高野豆腐…1個
小松菜…30g
ごま油…小さじ1
めんつゆ（2倍希釈）…大さじ1

作り方

1 小松菜は根元を切り落とし、5cm
幅に切る。高野豆腐は湯で戻し、
水けを絞ったら縦3等分に切り、
5mm厚さの薄切りにする。

2 フライパンにごま油を中火で熱し、
ひき肉そぼろ、1を炒め、めんつ
ゆを加える。

（ 糖質オフPoint ）

高野豆腐はうれしい効果がたくさん！

高野豆腐は糖質が低く、さらにレジスタント
プロテインという成分が豊富に含まれており、
血糖値の急上昇を抑える作用が期待できます。
腸内では消化・吸収されにくい特徴があるの
で、満腹感も得られやすいです。

ひき肉そぼろで もっと！ アレンジおかず

糖質 **40.3g**

506kcal

テレワークのランチタイムにもおすすめ！

オムライス

材料（1人分）

基本のひき肉そぼろ
（P18）…80g
溶き卵… 1 個分
雑穀ごはん…100g

A　ミックスベジタブル…20g
　　トマトピューレ…大さじ 2
　　しょうゆ…小さじ1/2
　　塩・こしょう…各少々
オリーブオイル…小さじ 1
トマトケチャップ…適宜

作り方

1　フライパンにオリーブオイルを弱火で熱
　し、溶き卵を流し入れて薄焼き卵を作る。

2　耐熱容器に雑穀ごはん、ひき肉そぼろ、
　A を入れてラップをかけ、電子レン
　ジで 2 分30秒加熱する。

3　器に 2 を盛り、 1 をのせ、お好みで
　トマトケチャップをかける。

（ 糖質オフ Point ）

雑穀ごはんには食物繊維が豊富

雑穀ごはんは、食物繊維やミネラルを補給で
きるので、白米から雑穀ごはんに変えること
もゆる糖質オフの手段のひとつです。独特な
弾力やプチプチとした食感もあり、噛み応え
も満足感アップにつながります。

合いびき肉をジャンボパックで買ったときは、休日のランチや、夕飯のあと一品に回して使い切るのがおすすめ。

しょうがと白だしでホッと一息
白菜のそぼろ煮

材料（1人分）

基本のひき肉そぼろ（P18）…100g
白菜…200g
しょうが…1かけ
水…50ml
白だし…大さじ2

作り方

1 白菜は1cm幅に切り、しょうが
　はせん切りにする。

2 フライパンに1、水を入れて蓋
　をし、白菜がやわらかくなるまで
　中火で煮込む。ひき肉そぼろ、白
　だしを加え、煮立ったら器に盛る。

糖質 **22.3**g
362kcal

糖質 **13.3**g
420kcal

お弁当のすき間にも詰めやすい！
合いびき肉の
ミートボール

材料（1人分）

A | 合いびき肉…100g
　 | おからパウダー（粗びき）…小さじ1
　 | 塩・こしょう…各少々
オリーブオイル…大さじ1
B | オイスターソース…小さじ2
　 | トマトケチャップ…小さじ1

作り方

1 ボウルにAを入れてよくこね、6
　等分にして丸める。

2 フライパンにオリーブオイルを中火
　で熱し、1を色が変わるまで焼く。

3 2にBを加えて煮からめる。

副菜の作りおき

ゆずこしょうでアクセントのあるおかずと、食べ応えのある食材を合わせた作りおきで、お弁当作りをラクに！

1/3量
糖質 **0.5**g

8kcal

ゆずこしょうがほんのり香る！

小松菜のゆずこしょう和え

保存期間
冷蔵 **5**日
冷凍 **4**週間

材料（作りやすい分量）

小松菜…100g
A ┃ しょうゆ…小さじ 2
　 ┃ ゆずこしょう…小さじ1/4

作り方

1　小松菜は根元を切り落とし、3cm幅に切る。
2　耐熱容器に 1 を入れてラップをかけ、電子レンジで 1 分加熱する。
3　2 に A を加えてよく和える。

糖質オフPoint

通年手に入りやすい食材だから、続けやすい！

小松菜は栄養豊富な食材で、さらに通年手に入りやすい食材だから、ゆる糖質オフを継続するには欠かせません。ゆずこしょうの代わりにわさびやからしで味の変化を楽しむのも◎。

1/3量
糖質 **2.5**g

67kcal

枝豆の食感がアクセントになって◎

紫キャベツとツナのサラダ

保存期間
冷蔵 **5**日
冷凍 **4**週間

材料（作りやすい分量）
紫キャベツ…100g
ツナオイル漬け缶…1缶
枝豆（冷凍）…20g
A 酢…大さじ1
　レモン汁…小さじ1
　ラカントS（顆粒タイプ）
　　…小さじ1/2
　塩…少々

作り方
1 紫キャベツはせん切りにし、塩（分量外）を揉み込み、水分が出たら水けを絞る。
2 ボウルに1、汁けをきったツナ缶、解凍した枝豆、Aを入れてよく混ぜる。

糖質オフPoint

ツナの旨みをいかしてコクのあるサラダに！

ツナ缶はたんぱく質がとれて、さらに旨みもあり、オイル漬け缶は水煮と比べてコクのある味わいなので、お弁当のおかずにぴったりです。枝豆で食感と植物性たんぱく質をプラスして。

副菜の作りおき

お弁当箱に詰めやすいブロッコリーのおかずに、彩りが足りないときにパッと明るくしてくれるにんじんのしりしりを作りおき。

1/3量
糖質 **2.4**g

91kcal

にんじんの甘みとツナの塩けで箸が進む

にんじんのしりしり

保存期間
冷蔵 **5**日
冷凍 **4**週間

材料（作りやすい分量）

にんじん…1本
ツナオイル漬け缶…1缶
ごま油…小さじ1
A │ 白いりごま・酒・しょうゆ
　 │ …各小さじ1

作り方

1 にんじんは斜め薄切りにし、せん切りにする。ツナ缶は油をきる。
2 フライパンにごま油を中火で熱し、にんじんを炒める。
3 2にツナ缶、Aを加え、にんじんがしんなりとするまで炒める。

（ 糖質オフ Point ）

**にんじんの栄養は油といっしょに
調理すると吸収率アップ**

にんじんに含まれるビタミンは、油との相性がよく、炒めることで効率よく体内に吸収できます。にんじんは根菜なので、野菜のなかでは糖質は高めですが、栄養がしっかりとあるので、適度に取り入れましょう。

1/3量
糖質 **2.4g**
35kcal

かつお節の風味が豊かな和風のおかず

ブロッコリーのおかか和え

保存期間
冷蔵 **5日**
冷凍 **4週間**

材料（作りやすい分量）

ブロッコリー…200g
A｜かつお節…１袋
　｜めんつゆ（３倍希釈）
　｜…大さじ１

作り方

1　ブロッコリーはひと口大に切り、耐熱容器に入れてラップをかけ、電子レンジで１分30秒加熱する。

2　1にAを加え、よく和える。

糖質オフPoint

ブロッコリーは糖質が低く、食物繊維が豊富！

ブロッコリーは糖質が低いので、モリモリ食べられるおかず。食物繊維も豊富なので、満腹感も得られやすいのがうれしいポイント。ブロッコリーに含まれるビタミンは水に溶けやすいので、レンチン加熱がおすすめです。

おかずがモリモリ!

低糖質おにぎらず

たっぷりのおかずが詰まったおにぎらずは、
片手で手を汚さず食べられます。
忙しいときでも、栄養たっぷりの食事をサポート!

おにぎらずHOW TO

① ラップの上に焼きのりを敷き、中央にごはんの半量を広げる。

→

② ごはんの上に包みたいおかずを重ねてのせる。

③ おかずの上に残りのごはんをかぶせるようにのせる。

→

④ 焼きのりで左右、上下をたたんで包む。

⑤ ラップで包んで休ませる。切るときもラップの上からだと切りやすい。

糖質 **30.5**g

401kcal

甘辛く味つけた牛肉がおいしい！

韓国キンパ風

材料（1人分）

雑穀ごはん…100g

牛薄切り肉…50g

A ┃ しょうゆ・ラカントS
　┃ （顆粒タイプ）
　┃ …各小さじ1

ごま油…小さじ2

小松菜・にんじん…各30g

溶き卵…1個分

白いりごま…少々

焼きのり…1枚

サンチュ…2枚

たくあん（細切り）…20g

作り方

1 ボウルに牛薄切り肉、A を入れて揉み込み、5分以上漬ける。

2 小松菜は根元を切り落として5cm幅に切り、にんじんはせん切りにする。耐熱容器に入れ、水大さじ2（分量外）を加えてラップをかけ、電子レンジで1分加熱する。

3 フライパンにごま油小さじ1を弱火で熱し、溶き卵を流し入れて薄焼き卵を作り、取り出す。残りのごま油を中火で熱し、1 を色が変わるまで焼き、白いりごまをふる。

4 ラップを敷いて焼きのりをおき、雑穀ごはんの半量、サンチュ、2、3、たくあん、残りのごはんをのせる。焼きのりをたたんで包み、ラップを閉じて休ませる。

作りおきのひき肉そぼろを使って
手軽にアレンジ!

目玉焼き＆そぼろ

糖質 **28.4**g
415kcal

ツナにみそのコクをプラスして、
大満足のおにぎらずに

ツナみそマヨ
＆レタス

糖質 **23.9**g
251kcal

材料（1人分）

雑穀ごはん…100g
ごま油…小さじ2
卵…1個
レタス…20g
基本のひき肉そぼろ（P18）…50g
焼きのり…1枚

作り方

1　フライパンにごま油を弱火で熱し、
卵を割り入れて目玉焼きを作る。

2　ラップを敷いて焼きのりをおき、
雑穀ごはんの半量、レタス、ひき
肉そぼろ、1、残りのごはんを
のせる。焼きのりをたたんで包み、
ラップを閉じて休ませる。

材料（1人分）

雑穀ごはん…100g
ツナオイル漬け缶…1/2缶
A｜マヨネーズ…小さじ1
　｜みそ…小さじ1/2
レタス…1枚
焼きのり…1枚

作り方

1　ボウルにツナ缶、Aを入れて
よく和える。

2　ラップを敷いて焼きのりをおき、
雑穀ごはんの半量、レタス、1、
残りのごはんをのせる。焼きの
りをたたんで包み、ラップを閉
じて休ませる。

ボリューム感がほしいときに
おすすめ！

ささみのピカタ
＆レタス

糖質 **29.4g**
426kcal

栄養満点のさば缶を
たっぷり詰め込んで

さばカレー
＆青じそ

糖質 **23.8g**
423kcal

材料（1人分）

雑穀ごはん…100g	オリーブオイル
鶏ささみ…70g	…小さじ2
A 溶き卵…1個分	レタス…1枚
粉チーズ	にんじんの
…大さじ1	しりしり(P36)
焼きのり…1枚	…30g

作り方

1 鶏ささみは筋を取り除いて観音開きにし、ひと口大に切り、塩、こしょう各少々（分量外）をふる。
2 フライパンにオリーブオイルを中火で熱し、混ぜ合わせたAに1をくぐらせて両面を焼く。
3 ラップを敷いて焼きのりをおき、雑穀ごはんの半量、レタス、2、にんじんのしりしり、残りのごはんをのせる。焼きのりをたたんで包み、ラップを閉じて休ませる。

材料（1人分）

雑穀ごはん…100g
さば水煮缶…100g
A カレー粉・マヨネーズ …各小さじ1/2
ごま油…小さじ1
溶き卵…1個分
青じそ…2枚
焼きのり…1枚

作り方

1 さば缶は汁けをきり、Aを加えてよく和える。
2 フライパンにごま油を弱火で熱し、溶き卵を流し入れて薄焼き卵を作る。
3 ラップを敷いて焼きのりをおき、雑穀ごはんの半量、青じそ、1、2、残りのごはんをのせる。焼きのりをたたんで包み、ラップを閉じて休ませる。

糖質オフのすき間埋め食材

詰めるだけでOK！

お弁当箱によっては、おかずを詰めてもすき間が出てしまうことも。
詰めるだけでOKの低糖質食材を常備しておくと便利です。

きゅうり

スティックや輪切りにして、生のまま、もしくは塩揉みしてすき間に詰めて。さっぱりするので箸休めに。

ゆで野菜

ブロッコリー、アスパラガス、枝豆などのゆで野菜もすき間埋めに。ビタミン豊富で栄養バランスがととのう。

ミニトマト

赤色のほか、オレンジ色や黄色もあって、見た目も華やかに。詰めるときは、ヘタを取って。

チーズ

カルシウム補給にぴったりのチーズ。好きな形にカットできて詰めやすいのでおすすめ。洋風のお弁当に。

うずらの卵（水煮）

そのまま詰めたり、味玉にしたり、半分に切って黄身を見せて彩りに。低糖質＆高たんぱくなのがうれしい。

ちくわチーズ

ちくわの穴にスティックチーズを差し込むだけで、立派なおかずに。スティックきゅうりを差してもOK。

ヤングコーン（水煮）

歯応えのよいヤングコーンは、斜めに切ってお弁当のすき間に差し込んで。ほんのりとした甘味が◎。

ラディッシュ

ミニトマト以外に赤を添えてくれる存在。さっぱりとして歯応えがいい。低糖質なのもうれしいポイント。

レタスなど葉物野菜

レタスなどの葉物野菜は、おかずの仕切りや彩りにおすすめ。ちぎって詰めるだけでもすき間埋めになる。

PART ② ヘルシー気分！ 鶏肉おかず WEEK

2週目は、鶏もも肉500gを使って鶏照り焼きの作りおきを。粒マスタードやゆずこしょう、甘酢で味変したり、おからパウダーをまぶして唐揚げにするなど、アレンジ自在！あとは、うずらの卵と野菜の副菜で大満足！

鶏もも肉…500g

うずらの卵（水煮）
　…6個

ほうれん草…100g

ブロッコリー…50g

ミニトマト…6個

ピーマン…2個

ちくわ…2本

しめじ・エリンギ
　…各100g

フリルレタス…適量

基本の糖質オフの作りおき＋副菜の作りおきで

ラクラク糖質オフ弁当1WEEK②

SAT & SUN　買い物＆作りおきをする

基本の糖質オフの作りおき

基本の鶏の照り焼き→P46

鶏もも肉…500g

＊雑穀ごはんはまとめて炊いておき、
　100gずつ小分けにしてラップで
　包み、冷凍しておいてもOK。

副菜の作りおき4品

①うずらの黒酢マリネ
　　　　　　→P62

うずらの卵
（水煮）…6個

②ほうれん草のおひたし
　　　　　　→P63

ほうれん草…100g

③ピーマンとちくわの炒め物
　　　　　　→P64

ピーマン…2個
ちくわ…2本

④きのこのバターしょうゆソテー
　　　　　　→P65

しめじ・エリンギ
…各100g

MON 鶏の粒マスタード焼き弁当 →P48

鶏の粒マスタード焼き

 + + ミニトマト + フリルレタス

基本の鶏の照り焼き 100g ／ ほうれん草のおひたし 1/3量 ／ ミニトマト 2個 ／ フリルレタス（あれば）適量

TUE 鶏の照り焼き弁当 →P50

鶏の照り焼き

 + + +

基本の鶏の照り焼き 100g ／ うずらの黒酢マリネ 1/2量 ／ ミニトマト 2個 ／ フリルレタス（あれば）適量

WED 鶏肉のごまゆずこしょう焼き弁当 →P52

鶏肉のごまゆずこしょう焼き

 + + +

基本の鶏の照り焼き 100g ／ ピーマンとちくわの炒め物 1/3量 ／ きのこのバターしょうゆソテー 1/3量 ／ ミニトマト 1個

THU 鶏肉とブロッコリーの甘酢炒め弁当 →P54

┌鶏肉とブロッコリーの甘酢炒め┐

  + +

基本の鶏の照り焼き 100g ／ ブロッコリー 50g ／ きのこのバターしょうゆソテー 1/3量 ／ ミニトマト 1個

FRI 鶏肉のスパイス唐揚げ弁当 →P56

鶏肉のスパイス唐揚げ

 + + +

基本の鶏の照り焼き 100g ／ うずらの黒酢マリネ 1/2量 ／ ほうれん草のおひたし 1/3量 ／ ピーマンとちくわの炒め物 1/3量

基本の
糖質オフの作りおき

1/5量
糖質 **6.0**g

243kcal

基本の鶏の照り焼き

保存期間
冷蔵 **5**日 ／ 冷凍 **4**週間

ラカントSの甘みとしょうゆの香ばしさ
かジューシーな鶏もも肉にからんで、ご
はんのすすむおかずに。しっとりとして
いて、アレンジの幅も広がります。

材料（5日分）

鶏もも肉…500g

A｜しょうゆ・酒・ラカントS
　｜　（顆粒タイプ）…各大さじ2

ごま油…大さじ2

作り方

1　鶏もも肉はひと口大に切る。

2　フライパンにごま油を中火で熱し、
　　1 を中に火が通るまで焼く。

3　2 に A を加えて煮からめる。

保存するときは

粗熱をしっかりととり、保存
容器に入れたら蓋をし、冷蔵
庫で保存。または100gずつ
の小分けにして、ラップに包
んで冷凍用保存袋で密閉して
冷凍保存。

糖質オフPoint

甘みはラカントSを使って！

ラカントSは、エリスリトール
という糖アルコールを含む甘味
料。消化管で吸収されにくい性
質を持っているため、血糖値に
対して影響がないのが特徴。砂
糖と同じ甘さなので、分量はそ
のまま置き換えでOK！

鶏の粒マスタード焼き弁当

材料（1人分）

基本の鶏の照り焼き（P46）…100g
雑穀ごはん…100g

●調味料

A｜マヨネーズ・粒マスタード
　｜…各小さじ1

●副菜

ほうれん草のおひたし→P63
ミニトマト…2個
フリルレタス…適量

作り方

1 鶏の照り焼きに A を和える。
2 お弁当箱に雑穀ごはん、ほうれん草の
　おひたし、ミニトマトを詰め、フリル
　レタスを敷いた上に、鶏の粒マスター
　ド焼きを詰める。

糖質オフPoint

鶏肉はビタミンCといっしょにとると◎

鶏肉に豊富に含まれるたんぱく質は、健康
な肌や髪の毛を作るために欠かせません。
ほうれん草やブロッコリーなどビタミンC
が豊富な食材と合わせることで、コラーゲ
ンの合成をサポート。糖質オフをしながら
美容効果も期待ができます。

盛りつけPoint

ごはんを詰める

お弁当箱の1/3ほどに、左端
に寄せるようにしてごはんを
詰める。

ほうれん草のおひたし、ミニトマトを詰める

上にほうれん草のおひたしと
ミニトマトを詰める。ミニト
マトはさまざまなカラーがあ
るので、彩りも楽しんで。

フリルレタスを敷き、鶏の粒マスタード焼きを詰める

完成

副菜との仕切りになるように
フリルレタスを敷き、鶏の粒
マスタード焼きを詰める。

糖質 **33.7**g

429kcal

鶏の照り焼き弁当

材料（1人分）

基本の鶏の照り焼き（P46）…100g
雑穀ごはん…100g

●副菜
うずらの黒酢マリネ→P62
ミニトマト… 2 個
フリルレタス…適量

作り方

お弁当箱に雑穀ごはんを詰め、フリルレタスを敷いた上に鶏の照り焼き、ミニトマトを詰め、串に刺したうずらの黒酢マリネをのせる。

糖質オフ Point

**糖質の低いうずらの卵で
たんぱく質をプラス**

うずらの卵は糖質がほとんどないので、鶏肉だけではちょっと物足りないな…というときに入れても罪悪感ゼロ。血行促進に関わるビタミンB₁₂が豊富なので、代謝を上げたいときにもおすすめの食材です。

盛りつけ Point

ごはんを詰める	フリルレタスを敷き、鶏の照り焼きを詰める	ミニトマトを詰め、うずらの黒酢マリネをのせる

 →  →

完成

お弁当箱の半分のスペースにごはんを詰める。

ごはんを詰めた反対側に、フリルレタスを全体的に敷き、鶏の照り焼きを詰める。

鶏の照り焼きの上にうずらの黒酢マリネをのせる。黒酢の風味がほんのり移って美味。

糖質 **31.3**g

406kcal

鶏肉のごまゆずこしょう焼き弁当

材料（1人分）

基本の鶏の照り焼き（P46）…100g
雑穀ごはん…100g

● 調味料
A ｜ マヨネーズ…小さじ2
　｜ ゆずこしょう…少々
白いりごま…大さじ2
ごま油…小さじ2

● 副菜
ピーマンとちくわの炒め物→P64
きのこのバターしょうゆソテー→P65
ミニトマト… 1個

作り方

1　鶏の照り焼きに混ぜ合わせたAをぬり、白いりごまをふる。

2　フライパンにごま油を中火で熱し、**1**を揚げ焼きにする。

3　お弁当箱に雑穀ごはん、ピーマンとちくわの炒め物、きのこのバターしょうゆソテー、**2**、ミニトマトを詰める。

糖質オフPoint

**鶏肉ときのこ類を組み合わせて
筋肉の合成を促す！**

きのこ類に多く含まれるビタミンDは、カルシウムの吸収のほか、筋肉の合成を促す作用もあります。鶏肉から取り入れるたんぱく質は、筋肉になるもと。筋力アップで、健康的な生活につながります。

盛りつけPoint

ごはんを詰める	ピーマンとちくわの炒め物、きのこのバターしょうゆソテーを詰める	鶏肉のごまゆずこしょう焼き、ミニトマトを詰める
	→ 	→  完成
右2/3のスペースをあけて、ごはんを詰める。	おかずカップに入れた副菜2カップをごはん側に寄せて、四角になるイメージで詰める。	残りのスペースに主菜を詰めて、ミニトマトをのせる。

糖質 **38.9**g

627kcal

鶏肉とブロッコリーの甘酢炒め弁当

材料（1人分）

基本の鶏の照り焼き（P46）…100g
ブロッコリー…50g
雑穀ごはん…100g

● 調味料

A | 酢…大さじ1
ラカントS（顆粒タイプ）
　…小さじ1
しょうゆ…小さじ1/2

● 副菜

きのこのバターしょうゆソテー→P65
ミニトマト…1個

作り方

1　ブロッコリーは小房に分け、耐熱容器に入れてラップをかけ、電子レンジで1分30秒加熱する。

2　1に鶏の照り焼き、Aを加えてよく和える。

3　お弁当箱に雑穀ごはん、2、きのこのバターしょうゆソテー、ミニトマトを詰める。

糖質オフPoint

鶏肉とブロッコリーの最強コンビで！

高たんぱくで低糖質な鶏肉は、ビタミンとミネラルのバランスに優れるブロッコリーと組み合わせて、さらにおいしさを発揮。ブロッコリーのビタミンは水溶性なので、レンチン加熱が最適です。

盛りつけPoint

ごはんを詰める	鶏肉とブロッコリーの甘酢炒めを詰める	きのこのバターしょうゆソテー、ミニトマトを詰める

 →  →

完成

お弁当箱の左側1/3にごはんを詰める。高さが出るようにすると◎。

中央に鶏肉とブロッコリーの甘酢炒めをバランスよく詰める。

おかずカップに入れたきのこのバターしょうゆソテーを詰め、ミニトマトをのせる。

糖質 **37.0**g

424kcal

鶏肉のスパイス唐揚げ弁当

材料（1人分）

基本の鶏の照り焼き（P46）…100g
雑穀ごはん…100g

●調味料

A　おからパウダー（微粉）…大さじ1
　　チリパウダー・
　　　カレーパウダー…各少々
オリーブオイル…大さじ3

●副菜

ほうれん草のおひたし→P63
ピーマンとちくわの炒め物→P64
うずらの黒酢マリネ→P62

作り方

1　鶏の照り焼きに A をまぶす。
2　フライパンにオリーブオイルを弱火で熱し、1 を両面焼きつける。
3　お弁当箱に雑穀ごはん、ほうれん草のおひたし、ピーマンとちくわの炒め物、2 を詰め、半分に切ったうずらの黒酢マリネをのせる。

糖質オフPoint

**小麦粉の代わりに
おからパウダーを使って**

唐揚げをカリッと揚げるために欠かせない衣。普通は小麦粉を使いますが、糖質を抑えるためにおからパウダーを使って、糖質オフを実現。微粉タイプのおからパウダーは小麦粉の代わりに、粗びきはパン粉や衣の代わりに使えます。

盛りつけPoint

ごはんを詰める	ほうれん草のおひたし、ピーマンとちくわの炒め物を詰める	鶏肉のスパイス唐揚げを詰め、うずらの黒酢マリネをのせる
		完成
丸型を4等分にした左上1/4にごはんを詰める。	右上の1/4にほうれん草のおひたし、左下にピーマンとちくわの炒め物を詰める。	残りのスペースに鶏肉のスパイス唐揚げを詰め、中央にうずらの黒酢マリネをのせる。

糖質 **39.2g**

559kcal

糖質 **21.1g**

440kcal

カレー味でごはんによく合う!

タンドリーチキン

材料（1人分）

基本の鶏の照り焼き
（P46）…100g

A プレーンヨーグルト
（無糖）…50g
トマトケチャップ
…大さじ2

カレー粉…小さじ2
すりおろししょうが
（チューブ）…2cm
すりおろしにんにく
（チューブ）…2cm
オリーブオイル…大さじ1

作り方

1 ポリ袋に鶏の照り焼き、A
を入れて揉み込み、10分以
上漬ける。

2 フライパンにオリーブオイル
を中火で熱し、1を両面焼く。

糖質オフPoint

カレー粉は少量でも味が決まる
お弁当のおかずの強い味方

カレー粉に含まれるターメリックは糖質量が多いも
のの少量でもしっかりと味が決まるので、上手に取
り入れましょう。また、スパイスには殺菌作用も期
待できるので、毎日持ち歩くお弁当でも安心。

糖質 **12.8**g

294kcal

トマト缶を使って、ボリューミーなおかずに

鶏もも肉のトマト煮

材料（1人分）

基本の鶏の照り焼き（P46）…100g
カットトマト缶…100g
顆粒ブイヨン…小さじ1/4
ミックスビーンズ…20g
塩・こしょう…各少々

作り方

1 耐熱容器に全ての材料を入れて
　軽く混ぜる。
2 ラップをかけ、電子レンジで
　3〜4分加熱する。

糖質オフ Point

**リーズナブルな
トマト缶で栄養バッチリ！**

お手頃な値段で買えるトマト缶は低糖質かつ抗酸
化作用の強いリコピンが豊富で、栄養満点です。
ただし、味をととのえるためにトマトケチャップ
を使うのは、糖質が高くなるので要注意。塩、こ
しょうでトマトの甘みを引き出すのが◎。

糖質 **13.5**g
465kcal

カシューナッツの食感がアクセントに！

鶏もも肉のカシューナッツ炒め

材料（1人分）

基本の鶏の照り焼き（P46）…100g
ピーマン…1/2個
ごま油…小さじ1

A | カシューナッツ…30g
オイスターソース…小さじ1
塩…ひとつまみ

作り方

1　ピーマンは種とワタを取り除き、1.5cm角に切る。

2　フライパンにごま油を中火で熱し、鶏の照り焼き、1を炒め、Aを加えてさっと混ぜ合わせる。

糖質オフ Point

カシューナッツにはビタミンB₁が豊富！

カシューナッツにはミネラル、ビタミン類が豊富に含まれています。なかでも糖質の代謝を促進してエネルギーを作るビタミンB₁が豊富。代謝を上げてくれるので、きれいな肌を保つことや、ダイエットにも向いている食材です。

糖質オフ継続の秘訣は楽しむことなので、お酒を楽しむ日があっても◎。おいしくておつまみにもなる、食べ過ぎ注意のアレンジです。

糖質 **6.3**g

544kcal

失敗なしで、しっとりジューシーな仕上がり

鶏もも肉のレンチンチャーシュー

材料（1人分）

鶏もも肉…200g
A｜めんつゆ（2倍希釈）・水…各大さじ2
ゆで卵…2個

作り方

1 鶏肉は皮目を外側にして凧糸で縛り、爪楊枝などで数ヵ所穴を開ける。

2 耐熱容器に 1 、A を入れてラップをかけ、電子レンジで 2 分30秒加熱する。上下を返し、さらに 2 分30秒加熱し、粗熱をとる。

3 保存袋に 2 を調味液ごと入れ、殻をむいたゆで卵を加え、1 時間以上漬ける。

糖質オフ Point

おつまみとして楽しむなら、お酒は蒸留酒を

焼酎やウイスキーはなんと糖質がゼロ！おつまみは手作りで糖質オフを意識したものを準備すれば、安心してお酒を楽しめます。ただし、ジュースなどで割ってしまうと糖質が高くなるので、水や炭酸水を選んで。

漬けておくだけ＆レンチンで2種類の副菜が完成。
味にアクセントをつけたり、シンプルに定番も◎。

1/3量
糖質 **0.6**g

35kcal

黒酢のまろやかな酸味がクセになる

うずらの黒酢マリネ

保存期間
冷蔵 **5**日
冷凍 **4**週間

材料（作りやすい分量）

うずらの卵（水煮）…6個
黒酢…大さじ2

作り方

保存袋に材料を全て入れ、10分以上漬ける。

糖質オフPoint

黒酢は9種類の必須アミノ酸を含む優秀な食品！

黒酢には、体内では作り出せない必須アミノ酸が豊
富。健康的な体づくりに欠かせないたんぱく質の材
料となる成分ですが、普通の穀物酢より糖質は多く
含んでいるので、たくさん使うのは、ゆる糖質オフ
には不向き。使うなら量を調整して。

1/3量 糖質 **2.2**g **20**kcal

味がきちんとつくように、水けをしっかり絞るのがコツ

ほうれん草のおひたし

保存期間 冷蔵 **5**日 冷凍 **4**週間

材料（作りやすい分量）

ほうれん草…100g
A めんつゆ（2倍希釈）…大さじ2
白いりごま…少々

作り方

1 ほうれん草は根元を切り落とし、5cm幅に切る。耐熱容器に入れてラップをかけ、電子レンジで1分加熱する。

2 ボウルに水けを絞った1、Aを入れてよく和える。

糖質オフPoint

動物性のたんぱく質と相性抜群のほうれん草

ほうれん草の特筆すべき点は鉄分の含有量です。女性や、運動量の多い人はとくに不足しがちで、生活に支障をきたすことも。ほうれん草に含まれる非ヘム鉄は、鶏肉や豚肉などの動物性たんぱく質といっしょにとることで吸収率がアップします。

63

 副菜の作りおき　ダイエット中にうれしい、歯応えある副菜 2 種。
かんたんステップであっという間に完成。

1/3量
糖質 **6.2**g
57kcal

ちくわにピーマンの香りが移って美味

ピーマンとちくわの炒め物

保存期間
冷蔵 **5**日
冷凍 **4**週間

材料（作りやすい分量）

ピーマン… 2 個
ちくわ… 2 本
ごま油…小さじ 2
A｜しょうゆ・ラカントS
　｜（顆粒タイプ）…各小さじ 2
かつお節…少々

作り方

1　ピーマンは縦半分に切り、種とワタを取り除き、縦の細切りにする。ちくわは5mm幅の輪切りにする。

2　フライパンにごま油を中火で熱し、1を炒め、Aを加えて炒め合わせる。

3　器に盛り、かつお節をふる。

糖質オフPoint

ちくわは低糖質なうえに高たんぱく！

白身魚のすり身であるちくわは、たんぱく質を摂取でき、かつ糖質も低い食材。そして、ちくわには弾力があるので、よく噛むことで脳の満腹中枢を刺激し、食べ過ぎを防止してくれます。火を通さなくても食べられるので、調理の時短にも◎。

1/3量
糖質 **1.9**g
36kcal

2種のきのこで旨みたっぷり！

きのこのバターしょうゆソテー

保存期間
冷蔵 **5**日
冷凍 **4**週間

材料（作りやすい分量）

しめじ・エリンギ…各100g
A │ しょうゆ…大さじ1
　│ バター…5g

作り方

1 しめじは石づきを切り落としてほぐし、エリンギは横半分に切り、縦5mm幅に切る。

2 耐熱容器に 1 、 A を入れてラップをかけ、電子レンジで2分30秒加熱する。

糖質オフPoint

バターは糖質が低く油脂のなかでも消化がよい！

バターは糖質が低く、良質な脂質なので、ゆる糖質オフなら積極的に取り入れて。また、油脂のなかでも消化がよいので、子どもから高齢者まで使えるのもうれしいポイント。ただし、脂質は高いので、使い過ぎには気をつけましょう。

カルシウムもとれる！

高野豆腐サンドイッチ

食パンの代わりに高野豆腐を使って、劇的に糖質オフ！
高野豆腐には豆腐よりも豊富なたんぱく質が含まれ、
さらに骨や歯を作るために欠かせないカルシウムも摂取できます。

基本の高野豆腐

材料（1人分）
高野豆腐…2個
バター…大さじ1

作り方
1 高野豆腐は湯に2〜3分ほどつけ、水けをよく絞り、厚さを半分に切る。
2 フライパンにバターを中火で熱し、1を両面カリッとするまで焼く。

↓

糖質 **0.6g**

265kcal

糖質オフPoint

高野豆腐をパンの代わりに！

高野豆腐は低糖質なうえ、植物性たんぱく質やカルシウム、鉄分が豊富。噛み応えもあるので、ダイエットに最適です。パンの代わりに使えば、不足しがちな栄養を摂取でき、キレイにやせられます。

きゅうりとレタスの
シャキシャキ食感が楽しい

ハム＆卵
＆きゅうり

糖質 **2.7**g

462kcal

材料（1人分）

基本の高野豆腐（P66）… 1人分
ゆで卵… 1個
マヨネーズ…大さじ1
きゅうり・レタス…各30g
ハム… 2枚

作り方

1 殻をむいたゆで卵は粗みじん切り
　にし、マヨネーズを和える。きゅ
　うりは斜め薄切りにする。

2 高野豆腐にマヨネーズ（分量外）
　を薄くぬり、レタス、ハム、1
　をのせて高野豆腐で挟む。ラップ
　で包み、休ませる。

チーズがとろけたアツアツを
召し上がれ！

ピザサンド

糖質 **11.1**g

611kcal

材料（1人分）

基本の高野豆腐（P66）… 1人分
ゆで卵… 2個
マヨネーズ…大さじ1
トマトケチャップ…大さじ2
ピザ用チーズ…30g
パセリ（刻む）…少々

作り方

1 殻をむいたゆで卵は粗みじん切
　りにし、マヨネーズを和える。

2 高野豆腐に1をのせて高野豆
　腐で挟む。上にトマトケチャッ
　プをぬり、ピザ用チーズを散ら
　し、オーブントースターで10
　分ほど焼く。

3 2にパセリを散らす。

卵&ツナ
&レタス

ツナと卵の
ダブルたんぱく質で腹持ち◎

糖質 **1.8**g

601kcal

材料（1人分）

基本の高野豆腐（P66）… 1 人分
ツナオイル漬け缶… 1 缶
マヨネーズ…大さじ 1
ゆで卵… 1 個
レタス…30g

作り方

1 ツナ缶は汁けをよく切り、マヨ
ネーズを和える。殻をむいたゆで
卵は縦にスライスする。

2 高野豆腐にマヨネーズ（分量外）
を薄くぬり、レタス、1 をのせ
て高野豆腐で挟む。ラップで包み、
休ませる。

紫キャベツ&アボカド
&サラダチキン

紫キャベツでグッと
おしゃれな見栄えに

糖質 **5.2**g

700kcal

材料（1人分）

基本の高野豆腐　　　料理酒・マヨネーズ
　（P66）… 1 人分　　…各大さじ 1
鶏むね肉…1/2枚　　アボカド…1/2個
塩…少々　　　　　　レモン汁
紫キャベツ…30g　　…小さじ 1

作り方

1 鶏肉はひと口大のそぎ切りにし、
塩、酒をふる。耐熱容器に入れ
てラップをかけ、電子レンジで
2 分30秒〜 3 分30秒加熱し、
マヨネーズを加えて和える。

2 紫キャベツはせん切りにし、塩
少々（分量外）をふり、水分が
出たら絞る。アボカドは5mm
幅に切り、レモン汁をかける。

3 高野豆腐にマヨネーズ（分量
外）を薄くぬり、1 、2 をの
せて高野豆腐で挟む。ラップで
包み、休ませる。

サーモンとアボカドの
組み合わせがたまらない！

サーモン＆
卵＆アボカド

糖質 **4.0**g
680kcal

材料（1人分）

基本の高野豆腐（P66）… 1人分
ゆで卵… 2個
マヨネーズ…大さじ1
アボカド…1/2個
レモン汁…小さじ1/2
レタス…30g
スモークサーモン… 4枚

作り方

1　殻をむいたゆで卵は粗みじん切り
　　にし、マヨネーズを和える。アボ
　　カドは5mm幅に切り、レモン汁
　　をかける。

2　高野豆腐にマヨネーズ（分量外）
　　を薄くぬり、レタス、1、スモー
　　クサーモンをのせて高野豆腐で挟
　　む。ラップで包み、休ませる。

焼きさばの脂が
ジュワッと広がる

焼きさば＆レタス
＆トマト

糖質 **5.4**g
566kcal

材料（1人分）

基本の高野豆腐（P66）… 1人分
塩さば…半身1枚
トマト…1/2個
レタス…30g
マヨネーズ…大さじ1

作り方

1　フッ素樹脂加工のフライパンで
　　塩さばを両面焼く。トマトは
　　5mm幅に切る。

2　高野豆腐にマヨネーズ（分量
　　外）を薄くぬり、レタス、1、
　　マヨネーズをのせて高野豆腐で
　　挟む。ラップで包み、休ませる。

たまには目先を変えて
低糖質ごはん・めん・パンのこと

本書のお弁当の主食は雑穀ごはん、もち麦ごはんですが、ときには、
低糖質ごはんやめん、パンでバリエーションを広げましょう。

おすすめ低糖質ごはん

しらたきごはん

しらたき50gを細かく
刻み、5分ほどゆでて水
けを拭き取り、ごはん
100gに混ぜる。しらた
きのかさましで大満足！

カリフラワーライス

低糖質、低カロリーでお
米の代わりになる。市販
されているので手軽。ご
はんを半量にして混ぜる
とさらにヘルシー。

ソイライス

豆腐をしっかりと水きり
して、フライパンでパラ
パラになるまで炒めて水
分を飛ばすとお米のよう
な形と食感に。

おすすめ低糖質めん

糖質ゼロめん

おからパウダーやこん
にゃく粉などで作られた
低糖質＆低カロリーめん。
焼きそばやパスタなどに
おすすめ。

豆腐そうめん

コンビニにも売られてい
る豆腐そうめん。低糖質
＆低カロリーなので安心。
お弁当に入れるなら汁け
をよくきって。

しらたき

めんの代わりにしらたき
を使えば、ダイエットに
ぴったり。食物繊維も豊
富だから、満足度も高く、
便秘解消にも。

おすすめ低糖質パン

ブランパン

糖質がほとんど含まれない、ふすま粉を
主材料にしたパン。さまざまな具材を挟
んで、サンドイッチにしても◎。

大豆粉＆おから粉パン

低糖質だけど、満足感が高くて重宝しま
す。食パンはもちろん、クロワッサン、
マフィンなど種類も豊富。

--- memo ---

オートミールで作るチャーハンもおすすめ

オートミールを米化させ、ごま油でお好みの具材、調味料と炒め合わせ、
パラパラになるまで炒めれば、かんたんに完成！

https://youtu.be/n0BJVWxJm38

PART ③
心もよろこぶ！
焼き鮭おかず
WEEK

　3週目の作りおきは、甘塩鮭の切り身5枚をフライパンで焼くだけだから簡単！　キャベツやオクラ、ヤングコーン、ズッキーニなど歯応えのある野菜を副菜にすれば満足度アップ。煮卵はたんぱく質補給にぴったり！

WEEK **3** 買い物リスト

甘塩鮭… 5 切れ

卵… 5 個

キャベツ…280g

ズッキーニ… 1 本

ミニトマト… 4 個

オクラ… 8 本

枝豆（冷凍）…20g

ヤングコーン（水煮）
… 6 本

フリルレタス・青じそ
…各適量

基本の糖質オフの作りおき＋副菜の作りおきで

ラクラク糖質オフ弁当１WEEK③

SAT & SUN   買い物＆作りおきをする

基本の糖質オフの作りおき

基本の焼き鮭→P74

甘塩鮭…5切れ

＊もち麦ごはんはまとめて炊いてお
き、100gずつ小分けにしてラッ
プで包み、冷凍しておいてもOK。

副菜の作りおき 4 品

①キャベツの赤しそ和え
→P90

キャベツ
…200g

②ヤングコーンとズッキーニ炒め
→P91

ヤングコーン
（水煮）… 6 本
ズッキーニ… 1 本

③オクラのおかか和え
→P92

オクラ… 8 本

④煮卵→P93

卵… 4 個

MON 焼き鮭タルタルマヨ弁当 →P76

┌─ 焼き鮭タルタルマヨ ─┐

  + + + →

| 基本の焼き鮭
1切れ | ゆで卵
1個 | キャベツの
赤しそ和え
1/3量 | オクラの
おかか和え
1/3量 | ミニトマト
1個 |

TUE ほぐし鮭とキャベツのスパイス和え弁当 →P78

┌ほぐし鮭とキャベツのスパイス和え┐

  + + + →

| 基本の焼き鮭
1切れ | キャベツ
80g | オクラの
おかか和え
1/3量 | 煮卵
1個 | ミニトマト
1個 |

WED 鮭のムニエル弁当 →P80

鮭のムニエル

 + + + + →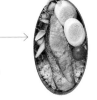

| 基本の焼き鮭
1切れ | ヤングコーンと
ズッキーニ炒め
1/3量 | 煮卵
1個 | ミニトマト
1個 | フリルレタス
（あれば）
適量 |

THU 鮭ごはん弁当 →P82

┌───── 鮭ごはん ─────┐

  + +

| 基本の焼き鮭
1切れ | 枝豆（冷凍）
20g | キャベツの赤しそ和え
1/3量 | ヤングコーンと
ズッキーニ炒め　1/3量 |

 + + →

| もち麦ごはん
100g | オクラのおかか
和え　1/3量 | 煮卵
1個 | 青じそ（あれば）
適量 |

FRI 鮭の西京焼き風弁当 →P84

鮭の西京焼き風

 + + + + →

| 基本の焼き鮭
1切れ | キャベツの
赤しそ和え
1/3量 | ヤングコーンと
ズッキーニ炒め
1/3量 | ミニトマト
1個 | 青じそ
（あれば）
適量 |

基本の
糖質オフの作りおき

1/5量
糖質 **0.1**g

183kcal

基本の焼き鮭

保存期間
冷蔵 **5**日 ／ 冷凍 **4**週間

> 鮭はまとめて焼いておくとラク！ 魚焼きグリルもいいけれど、フライパンで焼けば、焼き目をすぐに確認できて、洗い物が少ないのもうれしいポイントです。

材料（5日分）

甘塩鮭… 5 切れ

作り方

フッ素樹脂加工のフライパンに鮭を皮目を下にして並べ入れ、中火で 3 分焼く。上下を返し、蓋をして 2 分ほど焼く。

糖質オフ Point

**鮭は糖質オフに
欠かせない食材！**

鮭は低糖質で高たんぱくなうえ、DHAやEPAなどの良質な脂をはじめ、疲労回復などを導くとされるアスタキサンチンもたっぷり。ダイエットにも、アスリートの体づくりにも最適。積極的に取り入れたいので、飽きない工夫が大切です。

保存するときは

粗熱をしっかりととり、保存容器に入れたら蓋をし、冷蔵庫で保存。または 1 切れずつ小分けにして、ラップに包んで冷凍用保存袋で密閉して冷凍保存。

焼き鮭タルタルマヨ弁当

材料（1人分）

基本の焼き鮭（P74）… 1 切れ
ゆで卵… 1 個
もち麦ごはん…100g

●調味料
マヨネーズ…大さじ 1

●副菜
キャベツの赤しそ和え→P90
オクラのおかか和え→P92
ミニトマト… 1 個

作り方

1　ボウルに殻をむいたゆで卵を崩しながら入れ、マヨネーズを加えて和える。
2　お弁当箱にもち麦ごはん、キャベツの赤しそ和え、オクラのおかか和えを詰め、焼き鮭、ミニトマトをのせ、1 をかける。

糖質オフPoint

シンプルなタルタルソースで糖質を抑える！

卵とマヨネーズにはほとんど糖質が含まれていないので、たっぷりのせてOK。タルタルソースに玉ねぎや砂糖を入れると糖質が高くなるので、シンプルでラクに作れるタルタルソースにして、たっぷり楽しみましょう。

盛りつけPoint

ごはんを詰める	キャベツの赤しそ和え、オクラのおかか和えを詰める	焼き鮭、ミニトマトをのせ、タルタルマヨをかける
		 完成
お弁当箱の2/3にごはんを敷くようにして詰める。	右側のすき間に副菜を詰める。味は混ざっても◎。	基本の焼き鮭をごはんの上にドンとそのままのせ、タルタルマヨをかける。

糖質 **32.9**g

495kcal

ほぐし鮭とキャベツのスパイス和え弁当

材料（1人分）

基本の焼き鮭（P74）… 1 切れ
キャベツ…80g
もち麦ごはん…100g

●調味料

A｜めんつゆ（2倍希釈）…小さじ1
　｜カレー粉…小さじ1/4

●副菜

オクラのおかか和え→P92
煮卵→P93
ミニトマト… 1 個

作り方

1　キャベツはざく切りにし、耐熱容器に入れてラップをかけ、電子レンジで2分30秒加熱する。

2　1にほぐした焼き鮭、Aを加えてよく和える。

3　お弁当箱にもち麦ごはん、2を詰め、オクラのおかか和え、半分に切った煮卵、ミニトマトをのせる。

糖質オフPoint

キャベツでかさ増し！
食べ応えもバッチリ

キャベツは、ほかの葉物野菜と比べると多少糖質量が多いですが、食べ応えがあり、さらに食物繊維もたっぷり。満腹感も与えてくれるので、糖質オフに適した食材です。生で食べるときは、ドレッシングのかけすぎに注意しましょう。

盛りつけPoint

| ごはんを詰める | ほぐし鮭とキャベツのスパイス和えを詰める | オクラのおかか和え、煮卵、ミニトマトをのせる |

 →  →

完成

お弁当箱の左側に、ごはんを斜めに詰める。

右側のあいたスペースにほぐし鮭とキャベツのスパイス和えを詰める。

ごはんと主菜の上に、副菜とミニトマトをのせて、ボリューム感のある見栄えに。

糖質 **36.6**g

462kcal

鮭のムニエル弁当

材料（1人分）

基本の焼き鮭（P74）… 1切れ
もち麦ごはん…100g

●調味料
おからパウダー（微粉）…小さじ1
バター…10g

●副菜
ヤングコーンとズッキーニ炒め→P91
煮卵→P93
ミニトマト… 1個
フリルレタス…適量

作り方

1　焼き鮭におからパウダーをまぶす。
2　フライパンにバターを中火で熱し、 1 を両面焼く。
3　お弁当箱にもち麦ごはんを詰め、フリルレタスを敷いてヤングコーンとズッキーニ炒め、半分に切った煮卵を詰め、 2 、ミニトマトをのせる。

糖質オフPoint

もち麦ごはんには食物繊維がたっぷり！

もち麦は、白米と比べて極端に糖質が低いわけではないですが、水溶性の食物繊維が豊富に含まれています。水溶性の食物繊維は、糖質の吸収をゆるやかにしてくれるので、急激な血糖値の上昇を防ぐ効果が期待できます。

盛りつけPoint

ごはんを詰める	フリルレタスを敷いてヤングコーンとズッキーニ炒め、煮卵を詰める	鮭のムニエル、ミニトマトをのせる
	→ 	→  ＼完成／
お弁当箱の半分よりやや広めのスペースにごはんを詰める。	右側の緑に沿うようにフリルレタスを敷き、副菜を順に詰めていく。	ごはんと副菜の上に鮭のムニエルをドンとのせる。

糖質 **34.6**g

563kcal

鮭ごはん弁当

材料（1人分）

基本の焼き鮭（P74）… 1 切れ
枝豆（冷凍）…20g
温かいもち麦ごはん…100g

●調味料
白いりごま…少々

●副菜
キャベツの赤しそ和え→P90
ヤングコーンとズッキーニ炒め→P91
オクラのおかか和え→P92
煮卵→P93
青じそ…適量

作り方

1　焼き鮭はほぐし、枝豆は解凍しておく。

2　ボウルに温かいもち麦ごはん、1 を入れてよく混ぜる。

3　お弁当箱に 2 を詰め、白いりごまを散らす。青じそを敷いてキャベツの赤しそ和え、ヤングコーンとズッキーニ炒め、オクラのおかか和えを詰め、半分に切った煮卵をのせる。

糖質オフ Point

**栄養豊富な枝豆は
手軽に使える冷凍でOK！**

ゆでた枝豆と、冷凍の枝豆の栄養に大きな差はないので、手軽に使える冷凍でこまめに取り入れるのがベスト。低糖質でたんぱく質を豊富に含み、野菜のなかで含有量がトップクラスのカリウムは、高血圧の予防やむくみの改善に◎。

盛りつけ Point

**鮭ごはんを詰め、
白いりごまを散らす**

お弁当箱の半分より多めのスペースに鮭ごはんを詰める。

**青じそを敷いて、
副菜を順に盛る**

青じその上にキャベツの赤しそ和えをのせ、副菜を順に詰める。

煮卵をのせる

完成

半分に切った煮卵をオクラのおかか和えの上にのせる。

糖質 **37.0**g

539kcal

鮭の西京焼き風弁当

材料（1人分）

基本の焼き鮭（P74）… 1切れ
もち麦ごはん…100g

●調味料

A ｜ 白みそ…30g
　｜ 料理酒…大さじ1/2

●副菜

キャベツの赤しそ和え→P90
ヤングコーンとズッキーニ炒め→P91
ミニトマト…1個
青じそ…適量

作り方

1 焼き鮭によく混ぜ合わせたAをぬり、20分ほどおく。

2 魚焼きグリルで1を弱火で両面焼く。

3 お弁当箱にもち麦ごはん、キャベツの赤しそ和え、ヤングコーンとズッキーニ炒めを詰め、青じそを敷いて2、半分に切ったミニトマトをのせる。

糖質オフPoint

ゆる糖質オフでは料理酒も少量なら大丈夫

ゆる糖質オフは、完全に糖質カットすることが目的ではないので、酒の風味をいかした調理もときには◎。使う量が多すぎなければ、味わいの幅が広がります。おいしい食事を続けることが大切です。

盛りつけPoint

ごはんを詰める

お弁当箱に台形のような形にしてごはんを詰める。

キャベツの赤しそ和え、ヤングコーンとズッキーニ炒めを詰める

→

残りのスペースに副菜をぎゅっと詰めることでズレを防止する。

青じそを敷いて鮭の西京焼き風、ミニトマトをのせる

→

完成

ごはんの上に青じそをのせ、鮭の西京焼き風をのせる。

糖質 **43.9**g

460kcal

糖質 **12.4g**

368kcal

ごはんにのっけ丼もおすすめ！

鮭とほうれん草、コーンのちゃんちゃん焼き

材料（1人分）

基本の焼き鮭（P74）… 1 切れ
ほうれん草…50g
ホールコーン…30g
ごま油…大さじ 1

A みそ・料理酒…各大さじ 1
ラカントS（顆粒タイプ）
　…小さじ 1

作り方

1 焼き鮭はひと口大に切り、ほうれん草は根元を切り落とし、5cm幅に切る。

2 フライパンにごま油を中火で熱し、ほうれん草、コーンを炒め、ほうれん草がしんなりとしたら焼き鮭を加える。

3 混ぜ合わせた A を加えて炒め合わせる。

糖質オフPoint

コーンは糖質量が多くても、取り入れ方次第！

コーンはほかの野菜と比べると糖質量は多いですが、糖質は本来、大切なエネルギー源なので、適度にとる分には◎。食物繊維を含むので腹持ちもよくなります。

鉄分の豊富なほうれん草や、旨みたっぷりのきのこ類と炒め合わせて。味わい豊かで、栄養価もバッチリです。

糖質 **1.7**g
245kcal

ほんのりと香るゆずがアクセントに

鮭のゆずこしょうバターソテー

材料（1人分）

基本の焼き鮭（P74）… 1切れ
まいたけ…100g
バター…5g
A｜ポン酢しょうゆ…小さじ1
　｜ゆずこしょう…小さじ1/2

作り方

1　焼き鮭はひと口大に切り、まいたけは軽くほぐす。

2　フライパンにバターを中火で熱し、 1 、 A を入れ、焼き鮭を両面焼いて炒め合わせる。

糖質オフPoint

**食物繊維たっぷりなきのこは
糖質オフにぴったりの食材！**

きのこ類は低糖質で旨みがあり、満足感のある食事作りに欠かせません。きのこは品種によって栄養素が異なるので、複数を組み合わせるのがおすすめです。

糖質 **7.6**g

332kcal

角切りトマトをたっぷりかけて！

鮭とトマトのオリーブオイル和え

材料（1人分）

基本の焼き鮭（P74）… 1 切れ
トマト… 1 個
A｜オリーブオイル…大さじ 1
｜塩・こしょう…各少々
パセリ（みじん切り）…少々

作り方

1 トマトは1cm角に切る。

2 ボウルに 1 、 A を入れて和える。

3 器に焼き鮭を盛り、 2 をかけ、パセリを散らす。

糖質オフPoint

トマトに含まれるリコピンは、血糖値の急上昇を抑える！

トマトに含まれるリコピンには、インスリン分泌を促す効果が。インスリンが十分に分泌されることで、血糖値の上昇がゆるやかになります。

焼き鮭に添えるトッピングを変えるだけで、味わいの変化を十分に
楽しめる、野菜たっぷりのアレンジです。

糖質 **5.6**g

230kcal

めんつゆと酢だけでさっぱりマリネが作れる！

鮭としめじのマリネ

材料（1人分）

基本の焼き鮭（P74）… 1 切れ　A ｜ 酢・めんつゆ（2倍希釈）
しめじ…100g　　　　　　　　　　　｜ …各大さじ 1
小ねぎ… 1 本

作り方

1 しめじは石づきを切り落とし、ほぐす。
　小ねぎは小口切りにする。

2 耐熱容器にしめじ、水大さじ 1（分量
　外）を入れてラップをかけ、電子レンジ
　で 1 分30秒加熱する。

3 器に 2 を盛り、焼き鮭をのせ、よく混
　ぜ合わせた A をかけ、小ねぎを散らす。

糖質オフ Point

きのこの噛み応えで満足感アップ

きのこ類は噛み応えがしっかりとしてい
るので、満腹中枢を刺激して食べすぎを
予防できます。また、噛めば噛むほど旨
みがしみ出てくるのもたまりません。

みずみずしい野菜を使えば、水分を多く含む分、
満腹感も◎。食感のよさも副菜にぴったりです。

1/3量

糖質 **2.3**g

15kcal

赤しそふりかけだけで味が決まる万能おかず

キャベツの赤しそ和え

保存期間

冷蔵 **5**日

冷凍 **4**週間

材料（作りやすい分量）

キャベツ…200g
赤しそふりかけ…大さじ1

作り方

1 キャベツはざく切りにし、耐熱容器に入れて
ラップをかけ、電子レンジで4分加熱する。

2 1の水けをきり、赤しそふりかけをまぶす。

> **糖質オフPoint**
>
> **キャベツでかさ増し！たっぷり召し上がれ**
>
> キャベツはなんといっても食べ応えがあるので、糖
> 質オフ中の食べたい！に応えられる食材です。生の
> ままだと量が食べられないので、レンチンやゆでて
> から食べるのがおすすめです。

1/3量
糖質 **2.2**g
54kcal

歯応えがしっかりとあって満足感大！

ヤングコーンとズッキーニ炒め

保存期間
冷蔵 **5**日
冷凍 **4**週間

材料（作りやすい分量）

ヤングコーン（水煮）… 6 本
ズッキーニ… 1 本
オリーブオイル…大さじ 1
すりおろしにんにく
　（チューブ）…2cm
A ┃ しょうゆ…小さじ 1
　┃ 塩・こしょう…各少々

作り方

1　ヤングコーンは縦半分に切り、ズッキーニは1cm角に切る。

2　フライパンにオリーブオイル、すりおろしにんにくを中火で熱し、香りが出たら 1 を加えて炒める。

3　2 に A を加えて味をととのえる。

糖質オフPoint

野菜のなかでもとくに低糖質・低カロリー

ズッキーニは低糖質・低カロリーで、ビタミンやミネラルも豊富なので、健康や美容に気を使うときにも積極的に取り入れましょう。ズッキーニの栄養は水に溶けやすいので、生食すればむだなく栄養を取り入れられます。

和風弁当にぴったりなオクラのおかか和えに、ボリューム感を一気に上げられる便利な煮卵の作りおきです。

1/3量
糖質 **0.7**g

11kcal

箸休めにパクパク食べられる！

オクラのおかか和え

保存期間
冷蔵 **5**日
冷凍 **4**週間

材料（作りやすい分量）

オクラ… 8 本
塩…少々
A｜かつお節…1/2袋
　｜しょうゆ…大さじ1/2

作り方

1 オクラは塩をふって板ずりをし、さっとゆでたら、斜め半分に切る。

2 ボウルに 1 、A を入れて混ぜ合わせる。

糖質オフ**Point**

オクラのネバネバは食物繊維！
血糖値の上昇をゆるやかに

オクラのネバネバは、ペクチンと呼ばれる水溶性の食物繊維で、糖質やコレステロールの吸収を抑えて、血糖値の上昇をゆるやかにしてくれる効果が期待できます。水に栄養が溶けやすいので、ゆでるときはさっとゆでましょう。生食でもOKです。

1/3量
糖質 **2.7**g
107kcal

あと一品ほしいときに便利な作りおき

煮卵

材料（作りやすい分量）

卵… 4 個
めんつゆ（2 倍希釈）…100ml

作り方

1　鍋にたっぷりの湯を沸かし、卵を転がしながら 8 分ほどゆでる。流水で冷ましたら、殻をむく。

2　保存袋に 1 、めんつゆを入れ、空気を抜いて閉じる。冷蔵庫で30分以上漬ける。

糖質オフ Point

完全栄養食の卵をストックしておくのがベスト

食物繊維とビタミンC以外のすべての栄養素を含む卵。卵黄に含まれるレシチンは代謝を促進する効果が期待できるので、ダイエットにも◎。糖質はほぼゼロです。

低糖質スープジャー弁当

体も心も温まる！

具だくさんの熱々スープをスープジャーに入れて、
食べ応えも栄養もたっぷりの大満足の一杯に。
オートミールやもち麦で腹持ちもばっちりです。

スープジャーの使い方

① スープジャーを温める

調理をする前に、スープジャーに熱湯を入れて蓋をし、温めておきましょう。保温性が高まり、ランチタイムもちょうどよい温かさで食べることができます。

→

② もち麦を入れるレシピは、先にレンチン加熱を済ませておく

スープジャーを温めている間に、もち麦のレンチン加熱を済ませておくのが、忙しい朝の時短テクニック。8分ほどかかるので、忘れずに！

→

③ スープを作って、熱々をスープジャーに入れる

スープを作ったら、温めておいたスープジャーの湯を捨てて、熱々のうちに注ぎ入れましょう。具材を入れてからスープを入れると◎。しっかり蓋を閉めて、完成です。

低糖質食材

オートミール

食物繊維が多く、栄養価も高い。スープジャーには調理しやすいインスタントオーツが便利。

もち麦

もちもちとした食感で、食物繊維もとれるので腹持ちもよい。レンチンでしっかりと加熱してから食べましょう。

缶詰には旨みがたっぷりなので、スープジャーには汁ごと入れて、だしとしても使えます。

さば缶

鮭缶

鮭の栄養を丸ごととれて、さらに缶詰ならではの中骨も食べられるので、カルシウム補給に。

さば缶でカルシウムを
しっかり取り入れて

ピリ辛さばチゲ

糖質 **22.0**g

337kcal

魚介の旨みがスープに
溶け込んで美味

シーフードリゾット

糖質 **22.1**g

149kcal

材料（1人分）

水…300ml

A｜オートミール…30g
　｜さば水煮缶（汁ごと）…110g
　｜白菜キムチ…80g
　｜鶏がらスープの素…小さじ1

白いりごま…小さじ1

小ねぎ（小口切り）…適量

作り方

1 鍋に水を入れて沸かし、Aを加えて3〜4分ほど煮る。

2 スープジャーに1を注ぎ入れ、白いりごま、小ねぎを散らす。

材料（1人分）

水…300ml

もち麦…20g

A｜ミックスベジタブル…40g
　｜シーフードミックス…30g
　｜豆乳…50ml
　｜顆粒ブイヨン…小さじ1/2
　｜塩…ひとつまみ

片栗粉…小さじ1

作り方

1 耐熱容器にもち麦、水100ml（分量外）を入れてラップをかけ、電子レンジで8分加熱し、水けをきる。

2 鍋に水を入れて沸かし、1、Aを加えて弱火で5分ほど煮込む。

3 2に片栗粉を加え、とろみをつけ、スープジャーに注ぎ入れる。

卵と白だしでホッとする
和の味わい

和風卵雑炊

糖質 **21.2**g

210kcal

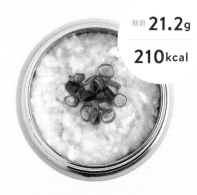

具材がゴロゴロと入って
食べ応え満点

ブロッコリーと
ささみの洋風スープ

糖質 **14.9**g

147kcal

材料（1人分）

水…200ml

A オートミール…30g
　溶き卵…1個分
　白だし…小さじ2
　ごま油…少々
　塩…ひとつまみ

小ねぎ（小口切り）…適量

作り方

1 鍋に水を入れて沸かし、A を加えて3～4分ほど煮る。

2 スープジャーに 1 を注ぎ入れ、小ねぎを散らす。

材料（1人分）

水…300ml
もち麦…20g
ブロッコリー…50g
鶏ささみ…1本
顆粒ブイヨン…小さじ1/2

作り方

1 耐熱容器にもち麦、水100ml（分量外）を入れてラップをかけ、電子レンジで8分加熱し、水けをきる。ブロッコリーは小房に分け、鶏ささみは筋を取り除き、そぎ切りにする。

2 鍋に水、1、顆粒ブイヨンを入れて鶏ささみに火を通し、煮立たせたら、スープジャーに注ぎ入れる。

鮭缶を丸ごと使って
栄養たっぷり！

鮭としめじの
豆乳チャウダー

糖質 **5.7**g

517kcal

材料（1人分）

しめじ…30g
鮭水煮缶（汁ごと）…1缶
A 水・豆乳…各150ml
　 顆粒ブイヨン…小さじ1/2
　 塩・こしょう…各少々

作り方

1 しめじは石づきを切り落として半
　 分に切り、ほぐす。
2 鍋に 1、鮭缶、A を入れて煮立
　 たせたら、スープジャーに注ぎ入
　 れる。

ごまのコクに豆板醤の
ピリ辛味がうまい！

坦々スープ

糖質 **6.5**g

267kcal

材料（1人分）

合いびき肉…50g
にら・もやし…各20g
ごま油…小さじ1
A 水・豆乳…各150ml
　 白すりごま…大さじ1
　 しょうゆ…小さじ1
　 鶏がらスープの素（顆粒）・
　 豆板醤…各小さじ1/2

作り方

1 にらは5cm幅に切る。
2 鍋にごま油を中火で熱し、ひき
　 肉を色が変わるまで炒めたら、
　 もやし、1 を加えてさっと炒
　 める。
3 2 に A を加えて煮立たせたら、
　 スープジャーに注ぎ入れる。

作りおきおかずを

長くおいしく食べ切るコツ

せっかく週末の作りおきで、5日間のお弁当を作るなら、ムダなく食べ切りたいもの。おいしく食べ切るためのコツをおさえましょう。

① シリコンカップに小分けして冷凍するのがおすすめ

作りおきおかずは、冷蔵庫でも保存できますが、長持ちさせたいなら冷凍保存がおすすめ。とくに夏場は気温も高くて傷みやすくなるので、食中毒の原因にも。シリコンカップに1食分ずつ小分けにして、ラップをして冷凍を。凍ったら冷凍保存袋に入れるとさらに◎。

② 酢を使うと長持ち＆血糖値の上昇がゆるやかに

酢や梅干し、レモンなどの酸味のある調味料や食材は、殺菌＆防腐作用があるので作りおきにぴったり。また、血糖値の上昇を抑える効果が期待できるので、糖質オフ弁当のうれしい味方です。おかずの味つけなどに積極的に取り入れましょう。

③ 薬味＆スパイスの殺菌作用でお弁当向き

しょうがやにんにく、青じそなどの薬味や、カレー粉などのスパイス類はデトックス効果が期待できるので、きれいにやせたい人におすすめ。加えて、食材を傷みにくくする効果もあるので、作りおきに活用しましょう。青じそは仕切りに使うアイデアも。

④ 作りおきおかずは冷めてから詰める

作りおきおかずを保存するときは、必ずしっかり冷めるまで待つこと。おかずが熱いうちに冷蔵庫に入れると冷蔵庫内の温度が上がり、食品が傷みやすくなる原因に。保存容器は水滴を拭き取り、アルコール消毒をしてから、おかずを入れて保存しましょう。

PART ④
安くて低糖質！
豚こまおかず
WEEK

ジャンボパックで安く買える肉といえば豚こ
ま切れ肉。500g分を甘辛味で炒めておけば、
スパイスや調味料をプラスしておかずにアレ
ンジ。様々な副菜を作って、バラエティに富
んだお弁当を楽しみましょう。

4 買い物リスト

鶏こま切れ肉…500g

ブロッコリー…100g

ミニトマト…6個

ピーマン…1個

にんじん…30g

しめじ…180g

キャベツ…200g

ツナオイル漬け缶
　…1缶

ホールコーン
　…大さじ2

玉ねぎ…160g

パプリカ…50g

長ねぎ…20cm

フリルレタス…適量

基本の糖質オフの作りおき＋副菜の作りおきで

ラクラク糖質オフ弁当1WEEK④

SAT & SUN 買い物＆作りおきをする

基本の糖質オフの作りおき

基本の豚こま炒め→P102

豚こま切れ肉…500g

＊雑穀ごはんはまとめて炊いておき、
100gずつ小分けにしてラップで
包み、冷凍しておいてもOK。

副菜の作りおき4品

①玉ねぎとしめじのオイスター炒め
→P118

玉ねぎ…100g
しめじ…50g
黄パプリカ…50g

②キャベツとにんじんのコールスロー
→P119

キャベツ…150g
にんじん…30g
ホールコーン…大さじ2

③ブロッコリーとツナのめんつゆ煮
→P120

ブロッコリー…100g
ツナオイル漬け缶…1缶

④しめじのねぎ塩炒め→P121

しめじ…100g
長ねぎ（青い部分）
…10cm

MON しょうが焼き弁当 →P104

┌── しょうが焼き ──┐

  + + + →

基本の　　　玉ねぎ　　キャベツとにんじん　ブロッコリーと　　フリルレタス
豚こま炒め　　30g　　のコールスロー　　ツナのめんつゆ煮　（あれば）
100g　　　　　　　　　1/3量　　　　　　1/3量　　　　　　適量

TUE 豚こまのカレー炒め弁当 →P106

┌── 豚こまのカレー炒め ──┐

  + + + →

基本の　　　しめじ　玉ねぎとしめじの　ブロッコリーと　　ミニトマト
豚こま炒め　　30g　　オイスター炒め　　ツナのめんつゆ煮　2個
100g　　　　　　　　1/3量　　　　　　1/3量

WED 豚こま野菜炒め弁当 →P108

┌─── 豚こま野菜炒め ───┐

   + +  →

基本の　　　キャベツ　玉ねぎ　キャベツとにんじん　しめじの　　　　ミニ　　フリルレタス
豚こま炒め　　50g　　30g　　のコールスロー　　　ねぎ塩炒め　　　トマト　（あれば）
100g　　　　　　　　　　　　1/3量　　　　　　　1/3量　　　　　2個　　適量

THU 豚こまとピーマンのケチャップ炒め弁当 →P110

┌豚こまとピーマンのケチャップ炒め┐

  + + →

基本の　　　ピーマン　　キャベツとにんじん　ブロッコリーと
豚こま炒め　　1個　　　のコールスロー　　　ツナのめんつゆ煮
100g　　　　　　　　　1/3量　　　　　　　1/3量

FRI 炒めルーローハン弁当 →P112

┌── 炒めルーローハン ──┐

  + + + +   →

基本の　　　長ねぎ　玉ねぎとしめじの　しめじの　　　ミニトマト　フリルレタス
豚こま炒め　　10cm　オイスター炒め　　ねぎ塩炒め　　2個　　　　（あれば）
100g　　　　　　　　1/3量　　　　　　1/3量　　　　　　　　　　適量

基本の
糖質オフの作りおき

1/5量
糖質 **3.5**g

262kcal

基本の豚こま炒め

保存期間
冷蔵 **5**日 ／ 冷凍 **4**週間

> 色々な部位が混ざっている豚こま切れ肉は、赤身の多いパックを選ぶのが◎。多少の脂は旨みにつながるので、バランスのよいものを選びましょう。

材料（5日分）

豚こま切れ肉…500g

A｜ しょうゆ…大さじ 2
　　ラカントS（顆粒タイプ）・酒…各大さじ 1
　　塩・こしょう…各少々

ごま油…大さじ 2

作り方

1　ポリ袋に豚こま切れ肉、A を入れて揉み込み、20分ほどおく。

2　フライパンにごま油を中火で熱し、1 を色が変わるまで炒める。

保存するときは

粗熱をしっかりととり、保存容器に入れたら蓋をし、冷蔵庫で保存。または100gずつ小分けにして、ラップに包んで冷凍用保存袋で密閉して冷凍保存。

糖質オフ Point

豚こま切れ肉はリーズナブルで低糖質＆高たんぱく

どんな料理にも使いやすく、安価に購入できる豚こま切れ肉は、糖質をほとんど含まない、低糖質・高たんぱくな食材です。しかも、糖質をエネルギーに変えるために必要なビタミンB1が豊富なのもポイントです。

しょうが焼き弁当

材料（1人分）

基本の豚こま炒め（P102）…100g
玉ねぎ…30g
雑穀ごはん…100g

●調味料
すりおろししょうが
（チューブ）…2cm

●副菜
キャベツとにんじんの
**　コールスロー→P119**
ブロッコリーとツナの
**　めんつゆ煮→P120**
フリルレタス…適量

作り方

1　玉ねぎは薄切りにし、耐熱容器に入れてラップをかけ、電子レンジで1分加熱する。

2　1に豚こま炒め、すりおろししょうがを加えて混ぜる。

3　お弁当箱に雑穀ごはん、キャベツとにんじんのコールスロー、ブロッコリーとツナのめんつゆ煮を詰め、フリルレタスを敷いて2を詰める。

糖質オフPoint

玉ねぎには血糖値を下げる効果

玉ねぎは野菜のなかでは糖質が高いですが、辛味成分には血液中の糖代謝を活発にする効果があり、血糖値を下げる働きが期待できます。水にはさらさない調理がベスト。

盛りつけPoint

ごはんを詰める

お弁当箱の円形に沿って上半分にごはんを詰める。

→

キャベツとにんじんの
コールスロー、ブロッコリー
とツナのめんつゆ煮を詰める

中央に丸くキャベツとにんじんのコールスローを詰め、右側に残りの副菜を詰める。

→

フリルレタスを敷いて
しょうが焼きを詰める

残りのスペースにフリルレタスを敷き、しょうが焼きを詰める。

完成

糖質 **35.6**g

577kcal

豚こまのカレー炒め弁当

材料（1人分）

基本の豚こま炒め（P102）…100g
しめじ…30g
雑穀ごはん…100g

● 調味料

A｜オリーブオイル…小さじ1
　｜カレー粉…小さじ1/2

● 副菜

**玉ねぎとしめじの
　オイスター炒め→P118
ブロッコリーとツナの
　めんつゆ煮→P120**
ミニトマト…2個

作り方

1　しめじは石づきを切り落として軽くほ
　ぐし、耐熱容器に入れる。水大さじ
　1（分量外）、A を加えてラップをかけ、
　電子レンジで1分加熱する。

2　1に豚こま炒めを加えて混ぜ合わせる。

3　お弁当箱に雑穀ごはん、玉ねぎとしめ
　じのオイスター炒め、ブロッコリーと
　ツナのめんつゆ煮、2 を詰め、ミニ
　トマトをのせる。

糖質オフ Point

しめじにはビタミンB群が豊富

しめじにはビタミンB12を除くビタミンB群
が豊富で、なかでもナイアシンが多く、これ
は、糖質・脂質・たんぱく質の代謝に関わる
ので、積極的に取り入れましょう。しめじの
代わりにえのきだけでアレンジも◎。

盛りつけ Point

ごはんを詰める	玉ねぎとしめじのオイスター炒め、ブロッコリーとツナのめんつゆ煮を詰める	豚こまのカレー炒めを詰め、ミニトマトをのせる

お弁当箱の半分よりやや少ないスペースに、ごはんを斜めに詰める。	ごはんと対になるような形で、2種類の副菜を詰める。	残りの中央のスペースに、豚こまのカレー炒めを詰める。

＼ 完成 ／

糖質 **35.0**g

555kcal

豚こま野菜炒め弁当

材料（1人分）

基本の豚こま炒め（P102）…100g
キャベツ…50g
玉ねぎ…30g
雑穀ごはん…100g

●調味料
ごま油…大さじ1
塩・こしょう…各少々

●副菜
**キャベツとにんじんの
　コールスロー→P119**
しめじのねぎ塩炒め→P121
ミニトマト…2個
フリルレタス…適量

作り方

1 キャベツはひと口大に切り、玉ねぎは薄切りにして耐熱容器に入れる。水大さじ1（分量外）、塩、こしょう、ごま油を加えてラップをかけ、電子レンジで1分30秒加熱する。

2 1に豚こま炒めを加えて混ぜ合わせる。

3 お弁当箱に雑穀ごはんを詰め、フリルレタスを敷いて2、キャベツとにんじんのコールスロー、しめじのねぎ塩炒めを詰め、ミニトマトをのせる。

糖質オフPoint

豚肉ときのこで疲労回復効果！

豚肉には疲労回復に効果的なビタミンB₁が豊富で、きのこには汗といっしょに流れ出てしまうカリウムが豊富。不足すると疲れやすくなります。暑い夏の日や、よく活動する日の低糖質弁当におすすめの組み合わせです。

盛りつけPoint

ごはんを詰める	フリルレタスを敷き豚こま野菜炒めを詰める	キャベツとにんじんのコールスロー、しめじのねぎ塩炒めを詰める

→　　　　→　　　　＼完成／

お弁当箱の左上にごはんを詰める。

お弁当箱の対角を結ぶように、中央に豚こま野菜炒めを詰める。

主菜を少し押し込むようにして、副菜をぎゅっと詰め、ミニトマトをのせる。

糖質 **37.9**g

665kcal

豚こまとピーマンのケチャップ炒め弁当

材料（1人分）

基本の豚こま炒め（P102）…100g
ピーマン… 1 個
雑穀ごはん…100g

● 調味料

A｜トマトケチャップ・
　　オイスターソース
　　…各大さじ1/2

● 副菜
キャベツとにんじんの
　コールスロー→P119
ブロッコリーとツナの
　めんつゆ煮→P120

作り方

1　ピーマンは縦半分に切り、種とワタを
　取り除いてせん切りにし、耐熱容器に
　入れる。水大さじ1（分量外）を加
　えてラップをかけ、電子レンジで1
　分加熱する。

2　1にA、豚こま炒めを加えて混ぜ合
　わせる。

3　お弁当箱に雑穀ごはん、キャベツとに
　んじんのコールスロー、ブロッコリー
　とツナのめんつゆ煮、2を詰める。

糖質オフ Point

**高たんぱくな食材には
ビタミンCを合わせて**

豚肉のたんぱく質は髪や爪、肌のほかにも
内臓や血管に大きく関わり、体を作るため
に欠かせません。ピーマンやブロッコリー
に含まれるビタミンCは抗酸化作用がある
ので、体の老化を防ぎ、しなやかな体づく
りをサポートします。

盛りつけ Point

ごはんを詰める	キャベツとにんじんの コールスロー、ブロッコリー とツナのめんつゆ煮を詰める	豚こまとピーマンの ケチャップ炒めを詰める
	→  →	 ＼完成／
お弁当箱の左上1/4スペース にごはんを詰める。	右上、左下に、おかずカップ に入れた副菜を詰める。	残りのスペースに豚こまとピー マンのケチャップ炒めを詰め る。

糖質 **37.7**g

588kcal

炒めルーローハン弁当

材料（1人分）

基本の豚こま炒め（P102）…100g
長ねぎ…10cm
雑穀ごはん…100g

●調味料

A　オイスターソース…大さじ1/2
　　五香粉…小さじ1/2
　　すりおろししょうが（チューブ）…2cm
ごま油…大さじ1

●副菜

玉ねぎとしめじの
　オイスター炒め→P118
しめじのねぎ塩炒め→P121
ミニトマト…2個
フリルレタス…適量

作り方

1　長ねぎは斜め薄切りにする。
2　フライパンにごま油を中火で熱し、豚こま炒め、1 を炒め、A を加えてさっと炒め合わせる。
3　お弁当箱に雑穀ごはん、玉ねぎとしめじのオイスター炒め、しめじのねぎ塩炒めを詰める。雑穀ごはんの上にフリルレタスを敷き、2、ミニトマトをのせる。

糖質オフPoint

糖質オフには香味野菜で満足度アップ

糖質オフを心がけるときに、調味料で味の変化をだすほかに、香味野菜で味わいや食感にもバリエーションがあると◎。長ねぎ以外にも、青じそやみょうが、小ねぎや三つ葉など。

盛りつけPoint

ごはんを詰める

お弁当箱の半分のスペースに、斜めにごはんを詰める。

→

玉ねぎとしめじの
オイスター炒め、しめじの
ねぎ塩炒めを詰める

副菜を詰める。どちらもしめじが入っているから混ざっても気にならない！

→

ごはんの上にフリルレタスを
敷き、炒めルーローハン、
ミニトマトをのせる

完成

ごはんの上にフリルレタスを敷くことで、ごはんがベチャッとなるのを防ぐ。

糖質 **36.6**g

597kcal

糖質 **12.1**g

427kcal

梅とポン酢しょうゆの酸味が後を引く！

豚こまとえのきのポン酢炒め

材料（1 人分）

**基本の豚こま炒め
（P102）**…100g

えのきだけ…100g

A｜ごま油・ポン酢しょうゆ…各大さじ 1
　｜梅肉（チューブ）…2cm

七味唐辛子…適量

作り方

1 えのきだけは石づきを切り落として半分に切り、耐熱容器に入れてラップをかけ、電子レンジで 1 分30秒加熱する。

2 1 に豚こま炒め、A を加えて混ぜ合わせる。

3 器に盛り、七味唐辛子をふる。

糖質オフPoint

歯応えのある食材で満足度アップ！

えのきだけは低糖質で、糖質オフの料理ではめんの代わりに使われることもあるほど、食感と喉越しがよく、さらに旨みもあって◎。調味料はよくからめるのがポイント。

豚肉との相性抜群のキムチと合わせたり、ボリューム感たっぷりの
ひと皿になるえのきだけと組み合わせて。

糖質 **5.2**g

288kcal

豚肉とキムチのスタミナおかず！

豚こまのキムチ和え

材料（1人分）

基本の豚こま炒め（P102）…100g
白菜キムチ…50g
白いりごま…少々

作り方

ボウルに全ての材料を入れ、よく和える。

糖質オフPoint

**キムチは乳酸菌がたっぷり。
塩分には気をつけて**

キムチは腸内環境をととのえてくれる乳
酸菌が含まれる発酵食品。ゆる糖質オフ
のときは、白菜やきゅうりの低糖質な野
菜のキムチを選ぶのがベスト。

香味野菜たっぷりがおいしい！
豚こまの梅しそ和え

材料（1人分）
基本の豚こま炒め（P102）…100g
青じそ…3枚
みょうが…1個
梅肉（チューブ）…2cm

作り方
1 青じそ、みょうがはせん切りにする。
2 ボウルに豚こま炒め、1、梅肉を入れてよく和える。

糖質 **5.9**g
274kcal

マヨネーズのこってり味が後を引く！
豚こまの
ねぎマヨ和え

材料（1人分）
基本の豚こま炒め（P102）…100g
小ねぎ…2〜3本
マヨネーズ…大さじ1

作り方
1 小ねぎは小口切りにする。
2 ボウルに豚こま炒め、1、マヨネーズを入れてよく和える。

糖質 **4.2**g
345kcal

基本の豚こま炒めでさっと作れるおかずや、豚こま切れ肉を
買ってきた当日に、パパッと作れるアレンジを紹介。

糖質 **4.2**g

345kcal

にんにくのスタミナ炒めに、レモンが爽やかにマッチ

豚こまと水菜の ガーリックレモン炒め

材料（1人分）

豚こま切れ肉…100g
水菜…80g
長ねぎ…50g
ごま油…小さじ2
すりおろしにんにく
（チューブ）…2cm

A｜鶏がらスープの素（顆粒）
　　…小さじ1/2
　　レモン汁…小さじ1
　　塩・こしょう…各少々
レモンスライス…適宜

作り方

1 水菜は根元を切り落とし、5cm幅に
切る。長ねぎは斜め薄切りにする。

2 フライパンにごま油を中火で熱し、す
りおろしにんにく、豚肉、長ねぎを炒

める。豚肉の色が変わったら水菜、
A を加えて炒め合わせる。

3 器に盛り、お好みでレモンスライス
をのせる。

PART 安くて低糖質！豚こまおかずWEEK

117

 副菜の作りおき 食感の異なる副菜がお弁当にうれしい！　しんなりとした野菜のオイスター炒めも、シャキッとしたコールスローも外せない！

1/3量
糖質 **4.6g**

38kcal

黄パプリカを入れて、お弁当の彩りアップ！

玉ねぎとしめじの
オイスター炒め

保存期間
冷蔵 **5**日
冷凍 **4**週間

材料（作りやすい分量）

玉ねぎ…100g
しめじ…50g
黄パプリカ…50g

ごま油…小さじ1
A｜オイスターソース…大さじ1
　｜塩・こしょう…各少々

作り方

1　玉ねぎは薄切りにし、しめじは石づきを切り落とし、ほぐす。パプリカは種とワタを取り除き、乱切りにする。

2　フライパンにごま油を中火で熱し、1を炒める。しんなりしたらAを回しかけ、さっと炒める。

糖質オフ Point

**肉厚で、栄養もあるパプリカ。
糖質は若干高め！**

パプリカは甘味がある分、糖質がやや高め。しかし、肉厚で食べ応えもあり、またβ-カロテンやビタミンCといった栄養素も多く含まれているほか、お弁当の彩りもアップするので、副菜にぴったりです。

1/3量
糖質 **5.0**g

102kcal

こってりしたおかずとの相性抜群！

キャベツとにんじんの コールスロー

材料（作りやすい分量）

キャベツ…150g
にんじん…30g
塩…少々
A｜ホールコーン…大さじ 2
　｜マヨネーズ…大さじ 3
　｜ラカントS（顆粒タイプ）
　｜　…小さじ1/2
　｜酢…小さじ 1

作り方

1　キャベツ、にんじんはせん切りにし、塩を揉み込み、水分が出たら水けを絞る。
2　ボウルに 1 、A を入れてよく混ぜる。

糖質オフPoint

塩揉みするだけで、たっぷり食べられる！

糖質オフを意識するなら、食事で満腹感を得て、間食を減らすことも大切。キャベツやにんじんは塩揉みすることでかさが減り、摂取量がアップ。日持ちもするようになるので、作りおきにベストな下ごしらえです。

副菜の作りおき

ツナ缶のオイルやごま油がふわっと香る、あと引く味わいの副菜をご紹介。余りがちな長ねぎの青い部分も活用できて◎。

1/3量
糖質 **1.5**g
82kcal

ツナとかつお節の旨みがたまらない一品

ブロッコリーとツナの
めんつゆ煮

保存期間
冷蔵 **5**日
冷凍 **4**週間

材料（作りやすい分量）

ブロッコリー…100g
A｜ツナオイル漬け缶… 1 缶
　｜かつお節… 1 袋
　｜めんつゆ（ 2 倍希釈）
　｜…大さじ 1

作り方

1　ブロッコリーは小房に分け、塩少々（分量外）を入れた湯でさっとゆで、水けをきる。
2　ボウルに 1 、 A を入れ、よく和える。

糖質オフPoint

ストック必須のツナ缶！

高たんぱくで低糖質なツナ缶は、保存もきくのでストックしておくのがおすすめ。DHAやEPAなどの良質な脂や、不足しがちな鉄分も補給できるおすすめの食品です。

1/3量
糖質 **0.9**g

46kcal

ごま油と塩でシンプルに味わう

しめじのねぎ塩炒め

保存期間
冷蔵 **5**日
冷凍 **4**週間

材料（作りやすい分量）

しめじ…100g
長ねぎ（青い部分）…10cm
ごま油…大さじ1
塩・こしょう…各少々

作り方

1 しめじは石づきを切り落とし、ほぐす。長ね
ぎは小口切りにする。

2 フライパンにごま油を中火で熱し、1を炒め、
塩、こしょうで味をととのえる。

糖質オフPoint

糖質オフなら、油は使ってOK

油の糖質はゼロ。カロリーは高いので量の調節は大
切ですが、炒め物やナムルの香りづけに使う分には
問題ありません。ごま油は食欲をそそるので、ごは
んの食べすぎだけは要注意。

2層になって
おしゃれなデザート

チョコムース

1個分
糖質 **12.7**g

345kcal

材料（2個分）

生クリーム…150ml
ラカントS（顆粒タイプ）
　…大さじ1
A｜アーモンドミルク…150ml
　｜ゼラチン…5g
　｜ココア（無糖）…10g

作り方

1　ボウルに生クリーム、ラカントS
　を入れて撹拌し、8分立てにする。

2　小鍋にAを入れて弱火にかけて
　混ぜ、まわりがフツフツとしたら
　火から下ろし、粗熱をとる。

3　2に1を加えて混ぜ、器に注ぎ
　入れる。ラップをかけ、冷蔵庫で
　2〜3時間冷やす。

ココナッツの香りが広がる！

オートミール
グラノーラ

1/3量
糖質 **32.3**g

262kcal

材料（作りやすい分量）

ココナッツオイル…大さじ2
A｜オートミール
　｜（インスタントオーツ）…100g
　｜ココナッツフレーク…大さじ1
　｜ラカントS（顆粒タイプ）
　｜　…大さじ2
　｜シナモンパウダー…小さじ1/3
　｜塩…少々
　｜ミックスナッツ…20g
　｜クコの実（あれば）…10g

作り方

1　フライパンにココナッツオイル
　を中火で熱し、Aをさっと炒
　める。

2　オーブンシートに1を並べて
　粗熱をとる。

豆乳ベースで
軽い味わいに！

黒ごまプリン

1個分
糖質 **14.4**g

109kcal

材料（2個分）

豆乳…300ml
ゼラチン…5g
A｜黒すりごま…大さじ2
　｜ラカントS（顆粒タイプ）
　｜　…大さじ1と1/2

作り方

1 小鍋に豆乳、Aを入れて沸騰直前まで温め、火を止めたらゼラチンを加えて溶かす。
2 型に1を注ぎ入れてラップをかけ、冷蔵庫で2〜3時間冷やす。

冷えた体にも◎
アーモンドミルクで召し上がれ

スパイスチャイ

糖質 **6.4**g

31kcal

材料（1人分）

A｜紅茶（ティーバッグ）
　｜　…1パック
　｜アーモンドミルク・水
　｜　…各100ml
　｜ラカントS（顆粒タイプ）
　｜　…小さじ1
　｜シナモンパウダー・
　｜　カルダモン（あれば）・
　｜　しょうがパウダー（あれば）
　｜　…各2ふり
シナモンスティック…適宜

作り方

1 小鍋にAを入れ、弱火で3分ほど煮出す。
2 カップに1を注ぎ入れ、お好みでシナモンスティックを添える。

さくいん

作りおきの
ゆる糖質オフ弁当

2023年3月25日　初版第1刷発行

著者　　藤本なおよ
発行者　角竹輝紀
発行所　株式会社マイナビ出版
　　　　〒101-0003
　　　　東京都千代田区一ツ橋2-6-3 一ツ橋ビル2F
　　　　TEL:0480-38-6872（注文専用ダイヤル）
　　　　TEL:03-3556-2731（販売部）
　　　　TEL:03-3556-2735（編集部）
　　　　MAIL:pc-books@mynavi.jp
　　　　URL:https://book.mynavi.jp

藤本なおよ　ふじもとなおよ

ローカーボ料理研究家、フードコーディネーター。幼少期から体が弱く、様々な不定愁訴を「ローカーボ（糖質オフ）」という食事で体質改善をしたことをきっかけに、ローカーボに特化した料理研究家に転身。企業や飲食店のレシピ開発、食や健康などに関するセミナー講師や執筆活動、YouTubeチャンネル「なおよキッチン」にて動画で糖質オフレシピの配信などをしている。著書に『世界一おいしいダイエット』（repicbook）、『1週間2000円 欲望解放やせレシピ』（KADOKAWA）など。

STAFF

デザイン	眞柄花穂、石井志歩（Yoshi-des.）
撮影	中林香
レシピ制作アシスタント	KASANÉ、藤本幸枝
スタイリング	サイトウレナ
栄養計算	藤井沙恵
編集	丸山みき、樫村悠香（SORA企画）
企画・編集	野村律絵（マイナビ出版）
校正	西進社
印刷・製本	株式会社 大丸グラフィックス

定価はカバーに記載しております。
©2023 Naoyo Fujimoto
©2023 Mynavi Publishing Corporation
ISBN 978-4-8399-8154-9
Printed in Japan